内部审计的理论与实践研究

何定洲 著

汕头大学出版社

> 图书在版编目（CIP）数据

内部审计的理论与实践研究 / 何定洲著. -- 汕头：汕头大学出版社，2023.1

ISBN 978-7-5658-4912-1

Ⅰ. ①内… Ⅱ. ①何… Ⅲ. ①内部审计—研究 Ⅳ. ①F239.45

中国国家版本馆CIP数据核字(2023)第015492号

内部审计的理论与实践研究
NEIBU SHENJI DE LILUN YU SHIJIAN YANJIU

作　　者：	何定洲
责任编辑：	陈　莹
责任技编：	黄东生
封面设计：	皓　月
出版发行：	汕头大学出版社
	广东省汕头市大学路243号汕头大学校园内　邮政编码：515063
电　　话：	0754-82904613
印　　刷：	廊坊市海涛印刷有限公司
开　　本：	710mm×1000mm 1/16
印　　张：	13.75
字　　数：	200 千字
版　　次：	2023 年 1 月第 1 版
印　　次：	2023 年 2 月第 1 次印刷
定　　价：	58.00 元

ISBN 978-7-5658-4912-1

版权所有，翻版必究

如发现印装质量问题，请与承印厂联系退换

前言 PREFACE

　　内部审计是审计监督体系中的一个重要组成部分,其作用丝毫不逊于外部审计。近年来,内部审计在全球范围内得到快速发展,为了更好地反映内部审计新思想、新理念、新实践和新变化,以满足不同层次学习者的需要,应加强内部审计工作。对于内部审计部门和内部审计人员而言,要深入把握和不断总结内部审计工作的规律和经验,改革内部审计组织领导体制和审计模式,坚守党和国家对内部审计工作的职责定位,推动内部审计工作促进国家经济高质量发展。

　　基于此,本书以"内部审计的理论与实践研究"为主题,在内容编排上共分为三篇。第一篇是理论篇,主要包括内部审计的基本认识、企业内部审计的理论透析、政府审计的相关知识解读;第二篇是实践篇,重点探究内部审计与企业管理效能提升、内部审计与企业风险管理的协调整合、政府审计管理的内容范畴、政府审计绩效管理与完善;第三章是展望篇,围绕大数据时代内部审计的内容创新、大数据时代内部审计方法与技术创新、大数据时代内部审计信息化建设展开论述。

　　本书注重企业的管理职能,及时把握财经政策变化,把内部各个环节的管理制度渗透到各个岗位中,可以使学生在掌握审计理论、程序方法的过程中,将管理理念、政策制度潜移默化地加以领会吸收。同时,对于程序化的内容给予淡化,更加注重了学生分析能力和综合能力的提高,加强了审计实务案例分析,特别注重以案说法,进行情境教学,使得学生在学习过程中仿佛身临办公现场,开展审计工作一样,增强了感性认识。

　　笔者在撰写本书的过程中,得到了许多专家学者的帮助和指导,在此表示诚挚的谢意。由于笔者水平有限，加之时间仓促，书中所涉及的内容难免有疏漏之处，希望各位读者多提宝贵意见，以便笔者进一步修改，使之更加完善。

目 录
CONTENTS

第一篇　理论篇

第一章　内部审计的基本认识 …………………………………… 002
　　第一节　内部审计的基本概况 …………………………………… 002
　　第二节　内部审计的特征表现 …………………………………… 020
　　第三节　内部审计的程序与管控 ………………………………… 023
　　第四节　内部审计的风险与防范 ………………………………… 041

第二章　企业内部审计的理论透析 ……………………………… 045
　　第一节　企业内部审计的对象与职责 …………………………… 045
　　第二节　企业内部审计的职能与作用 …………………………… 047
　　第三节　企业内部审计的工作流程分析 ………………………… 049

第三章　政府审计的相关知识理解 ……………………………… 056
　　第一节　政府审计的本质及地位 ………………………………… 056
　　第二节　政府审计的目标与类型 ………………………………… 058
　　第三节　政府审计和内部审计的联动 …………………………… 061

第二篇　实践篇

第四章　内部审计与企业管理效能的提升 ……………………… 066
　　第一节　内部审计促进企业内部控制建设 ……………………… 066
　　第二节　内部审计助力企业经营发展 …………………………… 068

第三节　内部审计助推企业经济效益提升 …………………………… 070

第五章　内部审计与企业风险管理的协调整合 …………………… 072
第一节　全面风险管理概述 …………………………………………… 072
第二节　风险管理审计的内涵与内容 ………………………………… 075
第三节　风险管理审计的一般程序 …………………………………… 078
第四节　风险管理审计的实践案例分析 ……………………………… 082

第六章　政府审计管理的内容范畴分析 …………………………… 085
第一节　政府审计项目计划管理 ……………………………………… 085
第二节　政府审计统计管理 …………………………………………… 087
第三节　政府审计工作底稿与档案管理 ……………………………… 090

第七章　政府审计绩效管理与完善研究 …………………………… 093
第一节　政府审计绩效管理的理论依据 ……………………………… 093
第二节　政府审计绩效管理的主要模式 ……………………………… 099
第三节　政府审计绩效管理的完善策略 ……………………………… 119

第三篇　展望篇

第八章　大数据时代内部审计的创新发展研究 …………………… 138
第一节　大数据时代内部审计的内容创新 …………………………… 138
第二节　大数据时代内部审计方法与技术创新 ……………………… 157
第三节　大数据时代内部审计信息化建设 …………………………… 180

参考文献 …………………………………………………………………… 210

第一篇
理论篇

第一章 内部审计的基本认识

第一节 内部审计的基本概况

一、内部审计的基本认知

内部审计是指以增加价值和改善组织运营为目的进行的独立、客观的确认和咨询活动。内部审计自身具备较为系统、规范的方法,能够对风险管理、控制和治理过程进行客观有效的评价,并在评价后改善其效果,从而帮助组织实现目标。内部审计除了具备传统的监督职能外,还应具备战略咨询能力,通过积极参与企业政策制度建立、业务流程更新、专项并购计划评估以及其他管理会议,提出有价值的咨询建议。另外,内部审计也要掌握与董事会、审计委员会和高管层的沟通技能,有效传达其所获取的信息,并赢得董事会的认可和支持。

"现代企业制度的逐渐建立和审计的快速发展带动了内部审计的发展,使内部审计成为企业进行内部有效控制和监督的重要形式。"[①]内部审计概念是从审计实践中抽象出来的,是制定和评判审计准则的依据和衡量审计质量的尺度。

(一)内部审计的独立性分析

独立性,是指首席审计官或内部审计部门不受任何威胁、秉公无私地

---

① 王静宜. 银行内部审计 [J]. 现代营销, 2012 (11): 117.

执行工作的情况。首席审计官可以直接、无限制地与高级管理层、董事会接触,通过建立双重报告关系来达成履行内部审计部门职业所要求的独立程度。当内部审计的独立性面对各种威迫时,必须从审计师个人、职能部门、具体业务和整个组织等方面来解决。要保证内部审计部门在组织上的独立性,首席审计官至少以每年一次的频率向董事会明确审计情况,向组织内部审计部门进行报告。内部审计师在工作时要秉持公平公正的原则,与各方人员和谐共处。内部审计的独立性主要是由内部审计部门的组织地位和内部审计人员的客观性来达成的。

1. 内部审计部门的组织地位

内部审计部门是企业的职能部门,内部审计部门的规模和地位是适应企业的需要而设置和确立。在是否设置内部审计部门、内部审计组织规模的大小、内部审计隶属于哪个部门等问题上,都应由企业决定,不应由企业外部(如政府有关部门、企业主管部门)强加于企业,因为这与建立现代企业制度的要求是相违背的。在20世纪80年代,我国国有企业的内部审计组织大多是作为政府审计的基础,为了满足政府审计机关的需要,由企业行政主管部门硬性规定设立,这在人们缺乏对审计工作的认识和审计工作的作用还没有充分发挥的情况下,对内部审计的发展起到了重大的推动作用。

内部审计的组织地位与作用的施展是相得益彰的,发挥财务审计、合规审计、经营审计和内部控制审计等方面的作用,将有利于内部审计组织地位的提升。提高内部审计组织的地位,也能增强内部审计组织的独立性,同样也有助于内部审计人员行之有效地履行自身责任,发挥内部审计的职能。除此之外,关于内部审计组织的外在的环境,特别是审计工作中涉及的法律环境、经济环境等都会对内部审计组织产生一定程度的影响。

独立或者不归属于企业中其他的职能部门是对内部审计部门组织最基本的要求,以此来保证内部审计人员在部门关系中与被审计的部门、单位或者相关业务活动区分开来。内部审计部门在组织关系中的独立性是内部审计人员能秉持公平公正和客观实际的职业态度的先决条件,所以,内部审计部门组织情况的独立性是能让其完美实现审计职责的重要因素。另外，内部审计报告的申报对象关乎内部审计部门组织地位的高低，换言之就是接收审计报告的对象如果有强大的权威，且一定能对审计报告中出现的问题与建议给出自己精准、恰当的分析和最合适的改进措施。所以内部审计人员一定要获得高级管理层与董事会的认可和支持，这样有助于内部审计人员和被审计者的沟通合作，在展开工作时可以不受其他因素的干扰。

2. 内部审计人员的客观性

内部审计人员的客观性是指内部审计人员秉公执法的工作态度，工作时不受任何影响，不做任何妥协，以保证工作成果的可信性。当面对各种胁迫时，必须从审计师个人、职能部门、具体业务和整个组织等方面来解决。客观性强调内部审计师在进行审计事项判断时不能屈从于他人。具体需要做到以下三点：

（1）精神方面的独立。审计人员必须保持思想、精神上的独立。独立性指一种客观公正的能力和态度。

（2）形式方面的独立。审计机构和审计人员在外在形式上要与被审计单位区别开来，不参与他们的管理组织活动，并且与被审计单位和主要领导人没有经济方面的往来。

（3）审计过程方面的独立。在审计计划的制定、实施和审计报告的提出过程中，审计人员需保持独立。在审计计划制定的阶段要注意选择审计技术、审计程序及确定应用范围时不受影响和操纵；在审计计划实施的阶段要注意选择检查范围、活动、人机关系及管理政策方面不受影响和操纵；在提出审计报告的阶段要注意陈述检查、明确事实、参照检查结果提出意见和指导时不受影响和操控。

（二）内部审计的重要性原则

内部审计要依照企业本身的风险及控制的重要性来明确审计重点，关注重点区域的重要业务，即遵守重要性原则。内部审计应以面临的战略风险和重大风险为导向，在计划层面和执行层面上展开审计工作。主要包括以下内容：

第一，战略分析。在战略层面了解被审计单位及其所处的市场和行业。

第二，企业风险识别和评估。这是帮助企业识别关键风险并优化风险管理框架的一个过程。评估结果有助于内部审计计划的制定，并通过风险导向原则使内部审计人员关注高风险领域，从而提高工作效率。

第三，制定内部审计计划。内部审计计划应基于风险导向原则而制定。

第四，执行内部审计计划。了解业务流程，制定内部审计方案并开展审计工作。执行审计计划还包括了对控制活动的验证和测试，以及对发现问题的记录。

第五，报告审计结果。指导在战略分析、了解业务流程以及执行内部审计等各阶段的报告工作，包括向审计委员会进行的报告，如年度报告和季度的更新情况报告。

第六，落实跟进审计发现。对审计发现的解决和跟进。

内部审计其实是一项独立、客观的询查和保障活动，通过应用系统化的方式，评估与优化风险管理、控制和治理过程的效果，目的是提升组织的价值或优化组织的管理，帮助组织实现目标。根据内部审计的定义，内部审计职能在传统的监督检查之外，更多地体现了"咨询"角色、"服务"理念，促进组织目标实现的"战略"定位，拓展了内部审计作为董事会和高管层的"谋士"角色。

（三）内部审计的基础作用

1. 三道防线作用

第一道防线是指业务操作部门，即风险所有者和责任人，负责识别、评估、控制、缓释和报告在业务开展过程中遇到的风险。

第二道防线由风险管理职能、合规职能及其他监控职能（如人力资源、法律）构成，负责协调并监控业务操作部门有效实施风险管理实务。风险管理职能协助第一道防线定义风险敞口并形成各级风险报告。合规职能负责监控银行对法律、法规和标准的违规情况。这些职能同时也是控制职能，确保与风险承担相关的政策和程序被切实履行。

第三道防线是内部审计职能，运用风险导向方法评估企业内部控制设计和运行的效率性、效果性，定期向高级管理层和董事会提供合理保证。内审职能对风险管理、合规及其他监控职能的工作进行定期评估。

2. 反舞弊的作用

运行良好的内部审计职能，可以有效地防范和发现舞弊行为，监控并改进银行运营和资源使用的效率、效果，内部审计就舞弊风险管理流程的充分性和适当性以及运行有效性向董事会提供合理保证。

（1）舞弊控制环境建设。内审负责人作为员工守则制定小组的成员，对员工道德行为、反舞弊意识等企业文化建设事项提供咨询建议，对企业高级管理人员及管理层舞弊风险的能力进行定期评估，了解高管层反舞弊的理念和基调。推进各级人员的反舞弊意识，定期对员工开展道德培训，包括对银行政策和程序的违反、浪费、腐败以及不当管理行为的识别和警惕等。内部审计章程中应明确规定内部审计在舞弊风险管理中的职责。

（2）舞弊风险识别和评估。内部审计可对舞弊风险评估流程的有效性进行测试和评价，内部审计在制定审计计划时应考虑银行对舞弊风险的评估结果。与开展舞弊风险评估的人员进行定期沟通和访谈，确保相关舞弊风险得到了恰当的考虑和处理。内部审计可以定期审阅业务部门风险识别结果的全面性和充分性，特别是对于管理层凌驾控制的风险识别。

（3）舞弊风险应对措施。内部审计可代表审计委员会对企业员工，特别是高管人员招聘的背景调查流程执行穿行测试和评价。对举报流程和企业热线的设置情况进行穿行测试和评价，协助审计委员会了解这一流程，对舞弊控制活动的运行有效性进行测试和评价。

（4）舞弊信息沟通。监督和评价员工沟通渠道的有效性，例如员工调查工作是否定期执行，员工调查内容是否包含反舞弊意识、舞弊风险识别和举报的相关内容等。对举报热线或相关内外部信息沟通途径进行监控，确保其有效运行。就舞弊事件的识别和调查情况与审计委员会进行及时沟通。

（5）舞弊调查和监控。对内外部举报热线（合规、道德、贪污举报等）接收的问题处理情况进行监控和跟进，有效改进举报流程的透明度。对参与舞弊检查人员的资格、技能和独立性进行评估，发起或配合相关各方开展舞弊调查，分析舞弊产生的根本原因，提出潜在改进建议。内审负责人应对内审人员开展舞弊调查培训，使内部审计人员了解、熟悉相关的舞弊迹象特征。

（四）内部审计与风险管理

全球金融危机让人们意识到加强风险的识别、分析与管理是企业生存的关键。内部审计作为其风险管理的重要组成部分，必须适应外部环境的变化，进行自身角色的再认识，这样对于提高其风险管理能力，建立谨慎的风险管理文化，帮助构建全面风险管理框架具有重要作用。

内部审计应是融风险管理、企业治理和内部控制评价为一体的综合审计。它应关注企业治理框架中风险发现与风险管理，关注管理者及其经营管理行为可能出现的风险，关注组织在整个治理过程中的决策风险和经营风险。通过对风险管理、内部控制、企业治理三大领域的风险识别、评估，来发挥其确认和咨询职能，从而实现完善企业治理、创造价值的目标。内部审计在风险管理中的再认识是立足于辩证法原理，具体分析内部审计对风险管理发展的促动作用及内部审计在风险管理的不同阶段发挥的不同作用，来实现内部审计价值增值的目的。

1. 内部审计对风险管理的促进作用

引起企业风险的最大因素是管理的不完善，而内部审计是治理结构中的组成部分，它的工作就是帮助企业建立良好的风险管理，宣传董事会的风险管理文化，根据风险管理战略的改变及时优化管理层风险管理的评判重心，并为其提出合适的改善意见。所以优化风险管理就水到渠成地成了内部审计的工作特性。

企业需要从全局出发做好风险防范及控制，因为风险具有感染性、不对称性和传递性等特点，不是每个部门都能做好风险防控。内部审计没有具体的业务活动，它是独立的一个部门，这就使它可以从全局的视角出发，客观实际地进行风险评判，及时为各管理部门提供恰当的建议，然后采取行动、规避风险。内部审计在风险管理方面有着得天独厚的优势，如了解整个行业和自己面对的风险，对规避风险、实现目标有着更高的职业责任感和义务感，使其服务更具连续性和实效性。

2. 风险管理中内部审计的角色定位

在全面风险管理框架中，内部审计发挥着独特的作用。由于风险管理框架触及的领域颇多，所以内部审计要在不同的阶段、环境中改变角色定位，以做好风险管控。当然，这需要多方面的努力，如内部审计的检查及评判效果、强化风险管理者和参与者发挥的作用。

（1）内部审计在风险管理中的六种角色

第一，布道者。首席审计官（CAO）和团队成员能对不熟悉风险管理的各层次管理者进行培训，增加其风险管理框架的知识储备，还可以从严谨的角度出发，将该框架的知识对各层次的管理者和董事会进行讲解。

第二，推动者。实行风险管理离不开高质量的风险评估。内部审计有能力进行高质量的风险评判，制定风险应对计划。

第三，联系者。风险管理在"促成框架"进程中需要各部门使用共同语言，这样可使内部审计的增值协调作用得到发挥，让"促成框架"在银行中得到肯定和使用。而CAO有机会成为共同语言的倡导者，成为各部门交流的纽带。

第四，整合者。内部审计可以利用自己的独立性，在企业中搜集、分析和综合各个渠道的数据与信息，还可以汇报行业范畴内的风险审计结果，为董事会提供合理的风险管制优化建议。

第五，评价者。内部审计可以使用全面风险管理框架来评判风险管理，评判的对象不限，可以为所有银行，也可以是企业的分公司或者控股子企业。全面评判和督查关键风险的管理工作能为风险管理流程做出保障，当然还要注意是否覆盖了所有的不确定性。

第六，咨询者。内部审计可以根据自身对风险管理方面的经验，为管理层在规划风险管理政策、风险辨别程序时提供咨询服务。该服务可以使管理层在风险与收益方面实现银行长远利益的均衡发展。

（2）内部审计六种角色形成闭循环

内部审计六种角色在风险管理的不同时期是可以进行角色更换的，如一种角色可以更换成另外一种角色，又如六种角色可以一起出现，再如一种角色可以占主导地位，发挥作用，其他角色虽发挥效力，但效力相对较小。在风险管理体系不健全的情况下，内部审计可以向管理层建议成立企业风险管理部门，主要进行风险管理文化的营造和体制框架的构建工作；如果处于风险管理的初期阶段，内部审计此时发挥的是协调者与推动者的效力，可作为总协调员与各部门沟通协调，缩短风险管理建设的周期；如果是处在风险管理的完成阶段，内部审计此时彰显的是整合者的效力，同时也可突出咨询者与评价者的价值，比如对各个经营部门的技术疑难问题进行讲解、整体评估风险管理框架等。

在风险管理逐渐成熟及运作稳定后，风险评估者可以对风险管理进行情景或压力测验，评估风险管理运行的结果和效率，将有问题的地方优化，达到强化风险管理的作用。但要注意环境的改变，做到让风险管理在变中达到不变的均衡状态。与此同时，企业的风险管理文化及策略也需要做出相应的调整，这时内部审计发挥的是布道者的效力，推进风险管理的不断更新。这使得内部审计和对象之间有着高整合性，让它在监管、评估风险管理方面具有有效性，能协助改善风险管理的六种角色在不同情境中转化，展示出内部审计的弹性，而这种弹性又是一种反促进动力。另外，内部审计能依照评估结果的风险来编排审计工作，让风险管理与内部审计始终保持同样的步伐。

另外，内部审计的报告关系也会影响其在企业风险管理中的角色，报告关系层次越高代表独立性越强，利于内部审计从全局和战略角度参与企业的风险管理。同时，内部审计为了更好地实现角色要求，需要运用现代审计方法，不断改进其对企业的内部控制和流程的评价手段。内部审计应成为企业在治理结构和内部控制环境方面的业务顾问和控制专家，帮助企业提高风险管理决策的有效性，实现资产的保值与增值。

二、内部审计部门的设置原则和形式

（一）内部审计部门的设置原则

建立和健全内部审计部门具有十分重要的意义，应赋予内部审计部门一定的权限及明确的职责，从而确保内部审计部门能够有效地完成工作，保证会计资料的完整性与可靠性，使内部控制得以顺利运行，财产得到保护，在保障经营活动的经济性与效果性等方面都充分发挥其重要作用。

设置内部审计部门应遵循以下原则：

第一，内部审计部门应保持独立性。内部审计部门在企业中应是独立存在于其他职能部门之外的组织机构，除了履行其职责范围内的活动外，不负责其他业务活动，尤其是有损内部审计独立性的活动。

第二，内部审计部门应有与其所完成职责相适应的权限，具备一定的权威性，对审计过程中遇到的有关问题有一定的处置权。对于内部审计部门来说，必须明确其职责，并赋予其能够完成职责的相关权限。内部审计部门的权威由两点决定：一是内部审计报告呈送给谁；二是报告中所提出的处理决定和建议是否得到施行。

（二）内部审计部门的组织形式

内部审计部门独立性与权威性的强弱和它隶属的组织层次高低成正比。企业内审机构的主要组织形式如下：

第一，由董事会或其下设审计委员会领导。这种形式下的内部审计部门具有较高的独立性与权威性，是一种主要的组织模式。在这一模式下，内部审计部门的工作开展不受企业管理层的干涉，但同时，由于审计结果不直接向管理层报告，因此，管理人员根据审计结果采取相关措施在时间上就会相对迟缓。采用这种形式的企业通常为上市企业，由总经理、副总经理、审计部门负责人、财务部门负责人等组成审计委员会。审计委员会负责制定审计工作的规章制度、年度计划，决定重要的审计事项，是审计工作的最高决策机构。

第二，由企业总裁或总经理领导。在这种形式下，内部审计部门的工作开展要符合企业主要负责人的要求，并直接向负责人报告审计结果，这种模式有利于企业负责人根据审计结果做出及时、有效的管理措施。但是，因为内部审计部门是企业的组成部分之一，因此在工作中难免会受到管理层的制约，导致独立性偏弱。此外，内部审计部门的工作对象是企业的日常经营事务，对于总经理的经营行为和责任则缺乏有效的监督。

第三，由企业主计长领导。在西方企业中存在主计长一职，大概相当于我国企业中的总会计师。这种形式和前两种相比，内部审计部门的权威性和独立性都要差一些。在这种形式下，内部审计部门与企业其他职能部门地位相当，仅满足了审计工作独立开展的最低要求，因此无法真正有效地进行设计工作，无法使审计职能得到充分地发挥。

第四，受董事会下设的审计委员会和主计长双重领导。这种模式利弊并存，好处在于内部审计部门具有很强的独立性和权威性，弊端在于内部审计部门要在两个方面的领导下进行工作，可能会出现无所适从的情况，从而影响工作效率。

目前，我国企业的内部审计部门普遍由总会计师或者主管财务的副总进行领导，随着现代企业制度的发展与推行，这种组织形式将逐步更新和完善。一般情况下，在企业制企业中，内部审计部门想要保证独立性和权威性，就应该直接由董事会或下设的审计委员会进行领导；而在非企业制企业中，内审机构应该由总经理直接领导，从而解决在总会计师或财务副总领导下的内部审计工作的独立性和权威性不足的问题。

三、内部审计的具体准则

各类企业、各级政府机关同其他单位内部的审计人员在进行内部审计工作时，需要按照一定的准则，这就是所谓的内部审计准则。内部审计准则对内部审计工作的质量和效率起着重要的推动作用。内部审计的基本准则是内部审计工作的重要基础和主要纲领，是内部审计人员在工作时需要遵守的基本规范，是根据《中华人民共和国审计法》《审计署关于内部审计工作的规定》及相关法律法规制定的行业准则。内部审计的具体准则是内部审计部门和人员进行内部审计的职业规范，权威性相对于基本准则来说要低一些，但比起给内部审计部门和人员提供操作性指导意见的实务指南来说要高一些，也具有一定的约束力。具体准则的分类主要有三种：第一是作业类，第二是业务类，第三是管理类。

（一）作业类的具体准则

1. 审计计划

为了完成审计任务，内部审计部门和设计人员会根据审计项目做出相应的审计规划，即审计计划。起初的审计计划分为年度审计计划、项目审计计划和审计方案三个层次。之后，国家对审计计划进行了调整，将原审计计划调整为了年度审计计划和项目审计方案两个层次，并将有关内容进行了优势整合。

年度审计计划，指的是年度预期中要完成的任务和相应的工作安排，是年度工作计划中的一个重要组成部分和主要环节。项目审计方案是对所提出的审计项目做出的具体规划，对其中所涉及的人员和时间也会做出相应的调整和安排，并根据这些内容设定具体的审计目标、审计任务、审计时间、工作中所需要的审计资源以及在审计工作结束后的后续工作安排。

内部审计部门的编制要在年度审计计划之前，应该要重点调查与审计工作相关的重要情况以及审计工作的风险状况，如：组织性的战略目标、年度目标、业务活动、相关业务活动的重大影响、相关内部控制的有效性和风险管理水平；近期的活动变化和复杂性变化；相关人员近期的岗位变动以及工作人员的工作能力及其有关的其他项目的重要情况。

2. 审计通知书

审计通知书，指的是在实施审计工作之前，通知被审计单位或被审计人员的书面文件，审计通知书的主要目的是：表达对被审计对象的尊重；交代审计事项，促进沟通和获得支持，进而促进审计工作开展；表达对被审计企业高层的重视程度。

通常情况下，审计通知书需要有审计项目的具体名称、接受审计的单位和人员姓名、审计的范围和审计内容、接受审计的时间，以及需要被审计单位提供的帮助、审计组长以及审计人员的名单、内部审计部门的印章和签发日期。内部审计部门应该至少在开始工作的三天前，将审计通知书送达被审计单位，并给予其充分的准备时间。

3. 审计证据

对于内部审计而言，其工作人员可以根据相应的审计程序来证实审计事项。可以支持审计结论的具体事实被称为审计证据，它适用于大部分组织的内部机构和内部审计人员的日常审计活动。开展收集内部审计证据的工作，可以和其他组织人员进行合作，也可以聘用其他组织人员参与审计工作。

审计证据的来源有很多。比如：会计记录是重要的审计证据来源；被审计单位雇用或聘请的专家编制的信息也可以作为审计证据；审计证据既包括支持和佐证管理层认定的信息，也包括与这些认定相矛盾的信息；在某些情况下，信息的缺乏（如管理层拒绝提供注册会计师要求的声明）本身也构成审计证据，可以被注册会计师利用。

审计证据在整个审计报告中所扮演的角色是十分重要的。审计证据作为审计意见的支撑点，是内部审计人员做出审计结论的基础，也是追究内部审计人员责任的依据，还是检验内部审计工作的关键。

内部审计人员获得审计证据的方式有很多，不仅可以通过访谈调查的方式获得，也可以通过监管的方式获得，还可以通过其他方式，只要在法律允许的范围内都可以。

4. 审计结果沟通

审计结果沟通，就是内部审计部门同被审计单位之间的沟通。内部审计部门对于被审计单位在审计过程中所遇到的问题、所审计的结果，根据审计依据、审计发现和审计结论等，进行沟通和交流，并提出一些指导性的意见。沟通是为了提高被审计单位的工作质量，也是为了提高内部审计工作的质量。

内部审计部门要同被审计单位、组织和管理层进行科学性的沟通，双方充分理解，听取彼此有效意见，才能提高工作效率、提升工作质量。内部审计部门负责人要与管理层对审计过程中发现的重大问题进行及时沟通，避免问题扩大。

5. 审计报告

审计报告，是由注册会计师对企业年度或者季度的财务报表是否在重大方面按照财务报告编制基础编制并按照公允反映发表实际意见的书面文件，是反映企业及其他机构（企业、机关单位等）真实财务报表的第三方的有效、专业的证明文件。审计的编制要符合一些具体要求：审计报告要实事求是地反映具体事实；要涵盖审计工作中所发现的问题；要逻辑思路清晰，使看审计报告的人能一目了然；要充分考虑到审计项目中的重要性和风险水平，对其中的重要事项和重要观点进行说明；要指出被审计单位的缺陷和不足之处，帮助其改正。

审计报告的主要内容有标题、收件人、正文、附件、签章、报告日期以及一些其他内容。

审计报告的正文主要由六部分组成：①审计概括。可以分为审计目标、审计范围、审计内容以及重点、审计方法、审计程序和审计时间。②审计依据。指在审计过程中用到的相关法规和准则。③审计发现。审计发现就是在对被审计单位进行审计时所发现的一些具体问题和表现。④审计结果。审计结果是对审计工作所考察的事实的结构陈述，风险评估和管理等。⑤审计意见。就是对审计结果所提出的指导性意见。⑥审计建议。即对审计过程中发现的主要问题所提出的内部控制和风险管理的意见。

（二）业务类的具体准则

业务类的具体准则包括内部控制审计、信息系统审计、绩效审计。内部审计人员依照这些准则标准，开展内部审计的业务。

1. 内部控制审计

内部控制审计是通过对被审计单位的内控制度的审查、分析测试、评价，确定其可信程度，从而对内部控制是否有效做出鉴定的一种现代审计方法。内部控制审计具体分为两部分：一部分是全面内部控制审计，指的是全方位地对被审计单位所有的组织活动进行内部控制，内部控制的内容包括控制内部环境、控制具体活动、控制风险评估、控制内部活动、控制内部监督五部分；另一部分是专项内部控制审计，指的是对被审计单位的具体组织内部要素、具体业务、具体活动环节的内部控制审计。

内部控制审计的内容主要从组织层面和业务层面做出了具体的规定。

在组织层面上，内部控制审计的内容应以全面内部控制审计的五部分为基础，在按照内部控制审计的方向指引打好基础后，力求达到《企业内部控制基本规范》和配套指引所要求的标准，对内部审计部门组织层面的内部控制进行的设计和对组织运行情况进行的评价、审查。其中，在开展控制内部环境要素审计时，在遵循审计实际事实的基础上，还应该注重组织结构、人力、文化氛围、未来发展规划、社会责任与义务等方面的影响。在开展控制活动要素审计时，应该结合具体情况和事实，从运行和设计两方面开展控制活动的评价和审查，审计委员会内部审计部门监事会对其进行监督。

在业务层面上，内部控制审计应该重点放在专项内部控制审计。对被审计单位的采购业务、销售业务、担保业务、资产管理、合同管理、研究与开发、工程项目、全面预算、业务外包、信息系统等方面重点关注。

内部控制审计人员在明确审计内容和重点时，应该结合内部控制的自我评估报告，全方位地开展内部控制审计工作，具体开展计划为：①编写项目方案；②分为具体小组；③组织开展现场审查；④找寻认定控制缺陷；⑤总结审计结果；⑥编写审计报告。

2. 信息系统审计

信息系统审计，是一个通过收集和评价被审计单位的审计证据，对信息系统是否能够保护资产的安全、维护数据的完整，使被审计单位的目标得以有效地实现，使组织的资源得到高效地使用等方面做出判断的过程。审查和评价的对象是组织内部的信息系统和有关信息技术的内部控制及流程，目的是通过审查和评价信息系统，对被审计单位当前的信息系统管理提出工作意见和建议，帮助工作人员解决存在的问题，为未来的工作开展提供宝贵的建议。

信息系统审计工作的开展需要工作人员掌握与审计相关的专业知识和技能，如果遇到审计人员无法解决的复杂问题时，可以寻求专家学者的帮助。除此之外，审计工作的开展可以是独立的，也可以结合其他审计工作共同开展。在进行审计工作时，当作为综合内部审计项目的一部分开展工作时，应该及时将所获得的审计证据与其他审计人员进行交流沟通，及时调整内部审计项目的审计重点、目标、范围、性质、时间等因素。

内部审计人员在进行信息系统审计时，应当以风险基础审计为方法开展工作，全方位地评估信息系统审计的风险。内部审计人员在开展审计工作时，要善于应用审计方法，可以独立使用某一种审计方法，也可以综合运用多种审计方法，总而言之，为了审计工作的顺利开展，内部审计人员可以结合实际有针对性地选择符合实际需求的审计方法。待审计方法确定后，再按照业务流程进行审计证据的获取工作，最后，通过审计证据评审内部控制的有效性。可使用的审计方法有：①对有关控制人员进行询问审查；②具体查看和了解内部特定控制的运用情况；③利用信息系统的特性，进行穿行测试，对信息系统中的交易处理过程进行追踪；④审阅文件、报告、计算机文、日志；⑤使用计算机辅助审计工具、技术；⑥登录信息系统开展系统查询；⑦验证系统控制、计算逻辑；⑧利用相关专业机构得出的审计结果、组织对信息技术内部控制的评估结果。

3. 绩效审计

绩效审计，是指对被审计单位经济活动的经济性、效率性和效果性所进行的审计。它是由内部审计部门和工作人员开展的一种审查和评价被审计单位组织经营的活动。绩效审计有三个要点：①效率性，具体指的是在组织经营活动中，投入资源和产出效果之间的比例关系；②效果性，具体指的是组织经营活动的结果与预期目标之间的比例关系；③经济性，指的是组织经营活动中所收获的产品质量和数量或服务，除此之外还包括其他成果所耗费的资源是否最少。

对于绩效审计的三个要点，在开展工作时，可以根据组织内部的具体情况审查和评价被审计单位的某一方面，也可以根据在条件允许下进行全部审查。绩效审计的主要内容有：①审查相关经营活动的效率性、效果性、经济性信息是否属实；②管理经营活动的相关预期目标是否适当、相关、可行、达成；③管理经营活动的相关财、物、人、信息、资源、技术、用途的情况；④关于决策、计划、控制、指导、协作等活动的效率；⑤组织内部控制审计和风险管理机制的效率性、效果性、经济性、健全性、有效性；⑥业务活动有关的研发、采购、销售、财务、生产的效率；⑦经济管理活动最后的结果能否达到预期的经济和社会效益目标，达到何种程度；⑧其余有关被审计单位经济管理活动的具体事项。

绩效审计的审计标准主要从以下方面衡量：国家相关部门和行业已经成文的指标；具体法律法规的规定、要求、规范；行业内其他时期的数据或同时期的国际数据；行业内的实际操作经验、具体做法；被审计单位内部组织制定的计划、预算、目标、定额。

（三）管理类的具体准则

内部审计管理类的具体准则，主要是内部审计部门的管理工作和内部审计部门与董事会或最高管理层之间的关系两方面。

内部审计管理类其他的具体准则还包括内部审计与外部审计关系的协调准则、外部专家提供服务的支持准则、人际关系的准则、内部审计质量的控制准则、外部审计工作的质量评价准则等方面。

1. 内部审计部门的管理工作

内部审计部门的管理工作，指的是机构对审计人员和审计活动进行的有计划、有组织、有安排的控制、指导和调控。

内部审计部门在开展审计工作和进行审计工作管理时，应该遵照一定的程序：①内部审计部门的领导和监督职责应该是机构的董事会，或者是最高管理人员；②内部审计部门的负责人应该对机构日常管理的合理性和有效性负主要的责任；③审计机构在确定审计规程制度时，应该通知并报告给董事会和最高管理人员，在其许可的情况下，制定审计目标、权限、职责等。

对内部审计的设计工作而言，具体的流程应该是：①确定内部审计工作的目标；②明确内部审计工作的职责、权限；③划定审计工作的范围；④明晰内部审计工作的标准；⑤了解内部审计其他相关工作的注意事项。

为了更好地实现内部审计部门的组织管理，内部审计部门可以建立多层级的组织结构，将内部审计管理变成有序化的集中管理和分级管理。内部审计部门可以通过集中管理的方式实行委派制和派驻制，对下级组织进行管理；也可以通过分级管理的审查督导方式，对下级组织进行管理。

另外，内部审计部门的管理工作也需要人力资源的支持，为了保证内部审计部门管理工作的有效进行，需要做到：及时聘用相关审计人员；对聘用人员进行专业的业务培训；分配具体任务；对聘用人员的任务完成情况进行评价；建立健全审计人员的业绩能力考核和鼓励机制；其他人力资源相关注意事项。

2. 内部审计部门与董事会或最高管理层之间的关系

内部审计部门与董事会或最高管理层之间的关系，是汇报、执行和指导、审批的关系。内部审计部门需要对董事会或最高管理层进行工作汇报和执行上级任务，董事会或最高管理层需要对内部审计部门的工作进行指导和审批。一般来说，对内部审计部门有管理权利的机构是董事会、隶属于董事会的审计委员会或其他非营利的理事会。

内部审计部门与董事会或最高管理层之间的关系的具体表现如下：

（1）审计工作事项的开展需要董事会和最高管理层的批准许可。其中，具体需要请示批准许可的工作内容包括：①内部审计工作的章程；②内部审计工作的年度计划；③内部审计工作的人力资源计划；④内部审计工作的财务预算；⑤内部审计工作政策的制定和相应的变动。

（2）内部审计部门需要主动接受并努力完成董事会和最高管理层委派的工作，其中，可接受的具体委派工作包括：①对内部审计工作进行舞弊检查；②在内部审计工作的过程中实施专项审计；③在审计机构中开展相关的经济责任审计工作；④对社会审计组织的工作结果、工作质量进行评价。

内部审计部门除了上述工作内容需要和董事会或最高管理层沟通外，还应该定期进行工作报告，沟通频率至少一年一次。在工作报告中应该明确说明审计工作相关的情况，具体包括：计划执行情况；审计项目意见的总结；内部审计工作控制和风险的评估结果；审计过程中出现的差错总结和原因分析；工作中发现的新问题和对下一步工作的建议。

四、内部审计实务指南

内部审计部门和人员在进行内部审计时，必须要遵守内部审计实务指南，而这一指南是根据内部审计基本准则和审计工作的实际情况制定的。内部审计实务指南具有较强的可行性和指导性，可以为内部审计人员提供具体的审计工作指导。内部审计实务指南属于我国审计体系准则的第三个层次，是一个具有建议性的文件。内部审计实务指南可以从审计工作的建设项目和物资采购方面分析。

（一）建设项目的内部审计活动

建设项目内部审计这一审计活动是针对企业项目在建设过程中是否合理、合法进行的审计。这一审计的根本目的是促使企业的项目建设达到速度、质量和效益的统一。所谓速度要求，是指建设进度符合预期；质量要求，是指建设质量达到预期；效益要求，是指项目建设的成本和效益达到预期。这一审计活动几乎包含了管理和财务审计的全部过程，不仅需要就风控、内控、效益管控等给出审计意见，还要就合同产生及执行的全过程进行审计。

具体而言，建设项目内部审计内容主要包括项目前期立项、考察、招投标过程、合同执行、工程造价、财管、质量验收、工程后续评价等一系列项目建设活动。

当然，出于成本控制的考虑，对建设项目的内部审计有时并不需要面面俱到，在实践中，往往仅针对一个或几个关键环节进行审计即可。

（二）物资采购的内部审计活动

物资采购内部审计这一审计活动是针对物资采购过程进行的。在具体的操作中，无论是采购项目的确立还是采购过程的规划，或是采购物品的质量，都在物资采购审计关注的范围内。物资采购审计存在的最大意义就是尽可能地降低采购过程中的费用浪费，提高采购效益。同项目建设审计类似，物资采购审计也是财务和管理审计的结合，不同的是，这一项目旨在对采购流程及其采购对象、供应商进行审计。

在实际的操作中，根据采购要求、采购量、内审制度甚至组织体制机制设置的不同，物资采购审计往往会有选择地采用管理式或参与式其中一种审计方式进行。管理式物资采购审计是将物资采购审计项目流程化、固定化，每年都相对固定地、有针对性地对某一个或某些项目进行审计。采用这一审计模式的企业往往有较为成熟的业务体系和较为庞大的业务规模。参与式审计是针对物资采购的整个流程进行审计，这一审计活动相对碎片化，采用这一模式的被审计单位往往业务规模较小。

第二节　内部审计的特征表现

内部审计是由部门、单位内设的审计机构从内部对其财务收支的真实性、合法性和效益性进行的审计监督。内部审计具有不同于外部审计的特征，并在经济发展中发挥着独特的作用。与外部审计相比，内部审计具有以下特征：

一、审计服务的内向性

内部审计的目的在于促进本部门、本单位经营管理和经济效益的提高，因而内部审计既是本单位的审计监督者，也是根据单位管理要求提供专门咨询的服务者。服务的内向性是内部审计的基本特征。内部审计一般在本单位主要负责人的领导下进行工作，只向本单位领导负责。

二、审计工作的独立性

一方面，内部审计同外部审计一样，都必须具有独立性。在审计过程中必须根据国家的法律法规及有关财务会计制度，独立地检查、评价本部门或本单位及所属各部门、各单位的财务收支及与此相关的经营管理活动，维护国家和单位利益。

另一方面，由于内部审计部门是部门、单位内设的机构，内部审计人员是本单位的职工，这就使内部审计的独立性受到很大的制约，特别是在国家利益与部门、单位利益发生冲突的情况下，内部审计部门的独立决策可能会受到本单位利益的限制。

三、审计程序的简化性

内部审计的程序主要包括规划、实施、终结和后续审计四个阶段。由于内部审计部门对本部门、本单位的情况比较熟悉，在具体实施审计过程中，各个审计阶段的工作都大为简化。主要表现在以下方面：

第一，规划阶段中的许多工作，往往可以结合日常工作来进行，从而使规划工作量得以减少，时间也大为缩短。审计项目计划也通常由内部审计部门根据上级部门和本部门、单位的具体情况拟定，并报本部门、单位领导批准后实施。审计人员对单位情况较熟悉，制定计划更方便，在审计项目批准上，上通下达的效率也高。

第二，内部审计的实施过程，因为针对性比较强，许多资料和调查都可以通过内部审计人员的日常积累实现；因为较熟悉本部门、本单位的实际情况，审计工作实施也较为方便。

第三，内部审计部门提出审计报告后，通常由所在部门和单位出具审计意见书或做出审计决定。

第四，被审计单位对审计意见书和审计决定如有异议，可以直接向内部审计部门所在部门、单位负责人反映，甚至可以实现审计人员对异议问题的当面解答，沟通效率高。

四、审查范围的广泛性

内部审计主要是为单位经营管理服务的，这就决定了内部审计的范围必然要涉及单位经济活动的方方面面。内部审计既可进行内部财务审计和内部经济效益审计，又可进行事后审计和事前审计；既可进行防护性审计，又可进行建设性审计。但内部审计一般应做到：本部门、本单位的领导要求审查什么，内部审计人员就应审查什么。

五、审计实施的及时性

内部审计部门是本部门、本单位的一个部门，内部审计人员是本部门、本单位的职工，因而可根据需要随时对本部门、本单位的问题进行审查。一是可以根据需要，简化审计程序，在本部门、本单位负责人的领导下，及时开展审计；二是可以通过日常了解，及时发现管理中存在的问题或问题的苗头，并且可以迅速与有关职能部门沟通或向本部门、本单位最高管理者反映，以便采取措施，纠正已经出现和可能出现的问题。

第三节　内部审计的程序与管控

一、内部审计的程序分析

（一）审计立项

审计立项，是指被审计的对象有着明确而具体的内部审计项目。归属于组织机构的各个子企业、组织机构内部的各项职能部门及各项经营活动或项目和系统等都是审计的对象。挑选及确定审计对象有下列三种方式：

第一，在出具年度内部审计工作计划表之前，内部审计部门要先对组织机构的经营活动进行系统的风险分析，再制定年度审计工作计划，经批准后逐项实施。

第二，由组织机构的责任人或者董事长下达的计划外的专项审计任务。

第三，由被审计对象提出审计要求，经批准实施审计业务。

对于已立项的审计项目，内部审计部门应在审计实施前以正式报告的形式报组织机构负责人或董事长审核、批准与授权。

（二）审计准备工作

审计事项被确定后，审计人员可进行准备工作，具体包括以下五个方面的事项，然后出具审计计划。

1. 确定审计目标与目标范畴

审查和评判组织机构所有经营管理活动，帮助组织机构的人员执行他们的职责，这些是内部审计的总目标。根据已经明确的具体审计任务，审计人员可先制定具体明晰的审计目标，这对审计方案和审计工作完成后的审计评价大有裨益。一般而言，内部审计的目标范畴包括下列五点：

（1）具有合适的、有效性的组织内部控制系统。

（2）具有准确、完善、可靠性的财务会计信息和资料。

（3）讲究经营活动的成效和结果。

（4）资产的管理情况。

（5）是否遵守和执行了法律、法规及政策、计划等。

审计人员要做到依照明晰的审计任务来制定具体的审计范畴，保障审计目标的达成。

2. 收集审计背景资料

内部审计人员在出具审计计划时要搜集审计对象的相关背景资料。

如果审计对象是大企业的子企业、职能部门，所需的背景资料包括企业经营管理情况、管理人员资料、定期的财务报告、相关的政策法规及预算资料等。

如果审计对象是某个项目、系统，所需的背景资料包括被审对象的立项、预算资料、合同和相关责任人资料等。

如果以往年度实施过内部审计，在面对新的审计工作时就需要调出以前的审计文件，同时注重以往的审计发现和审计对象对审计建议的态度等。

3. 成立审计小组，确定时间

因为各项审计项目涉及的内容不同，就需要内部审计部门根据具体的审计业务需求，安排具备相应知识与技能的优秀审计人员参加。同时确定审计项目责任人，对审计工作进行整体把控和安排。在成立审计小组时，要初步定出审计时间，包含审计开始时间、外出工作时间、审计结束和提交审计报告的时间。

4. 制定初步审计的计划

内部审计部门与审计人员为了实现预设的审计目标，完成审计任务，根据审计任务或者审计项目而做出的一个阶段性的计划、规划称为审计计划。它的主要内容有：审计机构编制的年度审计计划；按年度审计计划制定的项目审计计划；具体审计方案。审计项目责任人一般会依照被审计单位的经营范围、业务往来的复杂情况和审计工作的复杂情况来明确审计计划的工作繁简情况，可以合并或删减一些审计手续或者借用以往审计工作的成果。若遇上被审计单位背景资料不齐全或开展突击检查情况时，审计人员时要能在审计过程修订和优化审计方案。

（1）年度审计计划

提前规划出一年的审计任务事即为年度审计计划，它能对组织年度工作计划给予指导。年度审计计划一般是在下半年到来前由内部审计部门责任人进行制定，随后报给组织管理层进行批准，用来指导内部审计部门下一年度的工作。

制定年度审计计划的流程为：①清晰上级部门传达的审计工作要求；②逐级向上呈报审计工作的计划草案；③逐级向上审核、确定审计工作计划。

（2）项目审计计划

针对具体审计项目的开展所做出的综合安排就是项目审计计划。制定项目审计计划在整个审计项目里具有重要的地位。项目审计计划一定要在审计工作实施前征得内部审计部门责任人的书面批准，之后审计工作严格依照审计项目计划开展。

项目审计计划既可以按被审计单位的业务循环来编制，也可以按业务部门编制，还可以按财务报表的项目来编制。对于某些类型的审计，则可以按被审计事项的特定内容划分审计范围，编制项目审计计划。例如，合同审计就可以分为内容审计、合同手续审计、合同执行审计等。

（3）具体审计方案

对具体审计项目的审计流程和时间做出明晰的安排即为审计方案。

第一，明确具体审计目标。具体审计目标是由总体审计目标细化而来，用来直接指导具体审计方案和流程。通过对被审计对象的初步了解，结合组织机构管理层的要求，汇总以前年度的审计发现和改正措施，审计人员可以确定哪些是被审计单位的重要风险，哪些是次要风险；按照风险的高低程度进行排列，最后就可以确定被审对象的主要风险，即具体审计目标。

第二，具体审计方法和程序。审计程序是内部审计人员为实现审计目标而采取的一系列方法与步骤的综合。即通过询问、观察、检查、测试等方法与步骤，实现审计目标。在确定审计程序时，审计人员需要注意三个问题：①程序要具体、明确，不能模棱两可，与审计目标无关或关系不大的审计程序应全部删除；②程序要简单，能准确描述审计操作过程、具体数量与步骤即可，不能重复；③程序要可执行，有些程序中运用的方法可能在理论上是可行的，但在实际中却难以操作或是执行难度较大，不适合内部审计人员执行，应选择便于程序顺利推进的方法。

第三，执行人员配备。制订具体审计方案的一个重要内容就是合理配备审计项目小组的主要成员和助理人员。项目负责人需要根据审计项目的性质、特点及复杂程度，结合审计人员的学识、专业、能力及经验等，合理配备相应的内部审计人员。

第四，审计时间的预算。审计方案中的具体时间步骤也叫时间预算。在通常情况下，对具体的审计项目来说，一方面实施前的准备工作越到位，现场审计所用的时间一般就会越短。因此，内部审计人员在审计时间的预算方面，应提前做好具体审计项目的准备工作，节省时间，提高审计的工作效率。另一方面，审计项目越复杂，所需要执行的审计程序就越多，预算时间就会越长。因此，内部审计可利用多年来在审计工作经验中积累的宝贵经验，优化审计程序和审计方案来帮助把控现场审计的时间预算，让审计人员能更好地掌控审计进程。

5. 发出审计通知书

在开展审计前，内部审计部门通知被审计单位接收审计的书面通知即为审计通知书。一般而言，在开展审计项目前，内部审计部门要把审计通知书递交给被审计单位，以正式的书面形式告知被审计单位做好会计凭证、账册与报表等资料的准备，并为内部审计人员提供必要的工作条件。

（1）内部审计通知书的作用

第一，内部审计通知书既是内部审计部门对被审计单位的一种正式的书面告知，也是内部审计执业的一种基本礼节。

第二，送达内部审计通知书有利于消除被审计单位的误解。送达审计通知书,即告知被审计单位,审计活动是按照年度审计计划开展的,其目的是通过审计工作发现被审计单位管理方面可能存在的问题,并为被审计单位提供一些可行的建议。如果审计没有发现问题,则可将被审计单位成功的管理经验向上级领导汇报,并向其他部门推广。

第三,送达审计通知书有利于增强审计人员与被审计单位的配合。通过预先告知,审计人员可以让被审计单位为审计工作做好准备,提供与审计相关的文件资料与必要的工作安排,并提前通知受审计影响最大的那一部分职员。被审计单位也可以通过审计通知书,要求审计部门在实施审计程序时尽量不影响被审计单位正常经营业务的开展,必要时也可以请求审计部门推迟本次审计工作的时间。

(2)送达审计通知书的要求

内部审计部门需要依照被批准的审计计划来编订审计通知书。在开展审计前,内部审计部门要向被审计单位递送审计通知书,如果是特殊的业务可不用提前送达,在实施审计时送达就可以。在某些情况下,审计人员可能认为突击审计是必要的。其原因在于如果预先通知被审计单位,管理层和职员可能会有意隐瞒一些真相。在这种情况下,审计人员会预先通知高级管理层和审计委员会,但不会预先通知被审计单位。

(3)审计通知书的主要内容

审计通知书的主要内容要点包括:①被审计单位和审计项目的名称信息;②审计的范畴和目标;③审计的时间;④需要被审计单位准备的具体资料和协助事项;⑤审计小组的成员信息;⑥内部审计部门和主要负责人的签章及签发的时间。如要求被审计单位提前进行自查,应在审计通知书中写明自查的内容、要求和事件,并提前发出。

(三)审计初步调查

第一,审计座谈交流会。在具体审计展开前,审计人员要向被审计单位责任人、财务负责人和相关工作者开展座谈交流会。需要清晰基本情况、解释审计目标及范畴以及审计时要用到的各项资料和协助的事项。

第二，现场考察。审计人员需要去现场察看被审计单位的经营地点、装备、员工和业务情况，要对被审计单位的业务活动有大体的认识。

第三，研究文件信息资料。在实地察看后，要对被审计单位提供的和察看后得到的文件信息资料进行分类、归档，再进行查读、研究。

第四，编写初步调查的说明书。在完成初步调查后，审计人员可以开始书写简明扼要的初步调查说明书，写出被审计单位的基本信息和初步调查的实施情况。

（四）内部审计证据

内部审计证据是指在内部审计环节中，用以支撑审计工作进行的凭据。当然，这种证据和法律意义上的证据并不相同。

1. 审计证据的类型

内部审计人员应当依据审计目标获取不同类型的审计证据。

（1）按外形特征分类。审计证据按其外形特征可以进行以下划分：

第一，书面证据。即以书面形式存在并证明审计事项的证据，这里注意要将书面证据和实物证据区分开来。书面证据虽然也是实物，但仅限于原始凭证、账簿等书面资料，比如发票、合同等。这类证据相对比较庞杂。

第二，实物证据。即以实物形式存在（如现金、有价证券、库存资产等）并能证明审计事项的证据。审计人员可以搜集能够证明审计事项的原始资料、有关文件和实务等，对不能或者不宜取得原始资料、有关文件和实物的证据，也可以采取文字记录、摘录、复印、拍照、转储、下载等方式取得审计证据。审计人员在搜集实物证据时，应当注明实物的所有权、数量、存放地点、存放方式和实务证据提供者等情况。

第三，视听电子证据。即以录音、录像或者计算机储存的，证明审计事项的视听或者电子数据资料。

第四，口头证据。即审计人员本人无法亲眼看到或亲临现场查到，而向所发生情况或事件的见证人搜集来的意见、看法、说明及答复等证据。一般情况下，口头证据本身并不足以证明事情的真相，不能直接用来证明审计事项,但可以作为审计线索,为证明审计事项服务。

第五,环境证据。也称状况证据,是指对被审计单位经济活动产生影响的各种环境事实,包括:①有关内部控制制度、会计机构和人员情况;②有关管理制度、管理水平情况;③有关管理人员和会计人员的智力及其素质情况;④有关被审计单位的经营条件和发展趋势情况;⑤有关被审计单位的组织机构情况;⑥有关被审计单位的经营方针情况。

(2)按来源分类。按审计证据的来源可以分为:①亲历证据,审计人员通过运用自己的各种感官取得反映被审计事项真相的证据;②外部证据,从被审计单位以外的第三方取得的审计证据;③内部证据,由被审计单位产生并保存的各种证据,如会计资料、内部文件凭证等。一般而言,与外部证据相比较,内部证据的证明力较弱。

2. 审计取证的方法

审计取证方法就是指采用何种方法搜集审计证据。内部审计人员可以采用以下方法获取审计证据:

(1)检查。审计人员通常通过对相关材料进行检查的方式取得证据。这些资料除了包括上文所述的原始凭证、合同等外,还包括各类分析表和汇总表等。

(2)观察。观察是指审计人员亲自到被审计场所进行实地探查,从而直接获得相关证据。需要注意的是,审计人员在进行观察时需要记录观察事项,并将其书面化。

(3)监盘。监盘是审计人员通过现场监督被审计单位对各种实物资产及现金、有价证券的盘点,并进行适当抽查而取得审计证据的方法。不同于观察的是,监盘是仅针对现金和有价证券的抽查。但在进行监盘时,审计人员也应当像观察时那样编制清点表等材料,并由审计和被审计双方共同签字。

(4)询问。询问是指直接向被审计单位发出口头或者书面的询问,并要求被审计单位以口头或者书面的形式对询问内容进行答复。审计人员要将答复记录在案。

（5）函证。函证是以书面方式向被审计单位发出申请，要求其提供函证要求的被审计单位的会计资料。当审计人员采取函证的取证方式时，审计单位应当依照函证的要求对审计人员进行全面的答复。

（6）计算。通过计算获取的证据并非由被审计单位直接提供，而是由审计人员根据被审计单位提供的会计资料中的相关数据主动计算得来。同样，当审计单位采取计算的方式获得证据时，要编制相关工作表。

（7）分析性复核。分析性复核指的是审计人员通过对被审单位财务信息与前期可比信息、预计结果、类似行业信息等的比较，研究财务信息要素之间、财务与非财务信息之间可能存在的关系来评价财务信息。是审计人员从被审计单位重要审计项目出发，通过比较其变动数值和比例与预期数值的差异来进行核实。当审计人员采用这种方法获得证据时，应当针对特殊事项编制相应分析表，全面披露数值变动情况并分析复核。

3. 审计证据的整理

审计证据的整理，是指内部审计人员将获取的审计证据运用一定的方法进行加工整理，并使之条理化和系统化的过程。这是形成有建设性的整体审计意见的必要步骤，有利于深入挖掘原始审计证据的潜在证明力。审计证据的整理与分析的方法有分类、比较、计算、小结、综合等。

（五）审计工作底稿

审计人员在其工作过程中会形成一系列的工作记录，这些记录就是审计工作底稿。这种底稿对审计结论的形成和审计意见的出台提供了最直接的依据，也是审计证据能转化为审计结论的关键凭证。审计底稿的现实作用包括：①为审计报告提供前提；②协调审计活动；③审计工作底稿为审计质量的管理提供基础；④审计工作底稿是后续审计、再次审计和复议的重要资料；⑤为审计人员的工作表现评价提供依据。

审计底稿的编制应以达到以下目标为准绳：①能够为审计报告的出台提供切实可靠的基础；②为审计工作的完成质量评价提供参考；③验证审计人

员是否按照规章行事;④锻炼审计人员的专业能力。

1. 审计底稿的编制要求

(1) 内容完整,真实,重点突出。

(2) 观点鲜明,条理清楚。

(3) 用词恰当,字迹清楚,格式规范。

(4) 相关底稿之间具有清晰的勾稽关系。

(5) 记载的事实附有证据。

(6) 审计工作底稿的编制不能仅限于是否查出违规行为,凡是做过的审计工作,都应编制出完整的审计工作底稿,以明确责任,显示审计工作的进度和质量状况。

2. 审计底稿的分类整理

审计底稿对审计工作具有重要意义。因此,当一个审计项目结束后,审计人员应及时对审计底稿进行分类和整理,并严格按照相关法律法规对底稿进行归档保存或使用。一般而言,审计底稿要保存在内部审计部门中。而内部审计部门也应该建立相应的保管制度,确保底稿的私密性。当部门以外人员需要查看底稿时,内部审计部门应当以正确流程取出底稿。当司法机关或监察机关要求依法查阅底稿时,可不按照企业流程行事。

3. 审计底稿的复核

复核对减少审计工作的失误具有重要意义。审计底稿作为在审计工作中形成的重要文件,也需要以复核的检查方式来减少审计风险。在对审计底稿进行复核时,不仅需要各级相关部门明确权责范围,还要确定内部审计部门相关领导人对底稿的完全责任。

4. 审计底稿的沟通

为了确保审计能够公正、合理地反映被审计单位的经营状况,为了取得被审计单位对审计工作的理解和配合,内部审计部门与被审计单位要针对审计底稿进行积极沟通。沟通一般采取书面或口头方式,也可采用其他适当的方式。外部审计(政府审计和社会审计)一般不将工作底稿给被审计单位征求意见，但内部审计却不一样，如果不是特别事项，都应与被审计单位充分沟通。在沟通中，把审计看法与建议灌输给被审计单位，这将有利于组织目标的实现。

（六）审计分析与测试

审计人员应根据被审计单位的财务报表和相关业务数据的计算比率、趋势变动，以量化的标准了解被审计单位的真实经营情况和财务情况。尤其要对被审计单位预算的实际完成情况、跨年度的数据比较等方面重点分析。如果发现指标异常，应予以充分关注，有的放矢地对该领域使用更加严格的审计程序，以确保审计工作的有效性。

1. 被审计单位内部控制设计的恰当性分析

无论是文字形式，还是图表形式，都可以用来解释说明当前被审计单位内部控制制度的有效性。审计人员应在认真研究、分析被审计单位现有内部控制系统的相关制度和规定等文件的情况下，对内部控制系统设计的恰当性进行分析评价。

2. 被审计单位内部控制执行的有效性分析

（1）审计人员可通过询问或查看被审计单位内部控制调查表的方式，获知被审计单位内部控制执行的具体情况。

（2）审计人员可借助小样本测试、"穿行测试"的方式检测被审计单位的经营活动，对内部控制系统有一个初步评价。"穿行测试"是通过追踪交易在财务报告信息系统中的处理过程，来证实审计人员对被审计单位控制的了解、评价控制、设计的有效性以及确定控制是否得到执行。具体而言，是审计人员选择关键控制点，比如选取被审计单位一定的交易和经营活动作为测试样，根据组织记录，追踪项目测试的全过程。小样本测试，就是选择较少的样本检测，通过小样本的检测数据对项目有一个大范围的质量评估，也便于了解被审计单位的经营活动与预期目标的一致性。

（3）内部控制的系统控制制度测试。审计人员应当知晓系统控制制度的运作机制及有效范围，明确该制度涉及的部门、资金范围，从而针对系统运作的具体内容进行有效测试。

（4）内部控制系统的风险评估。审计人员需要对被审计单位内部控制系统的风险水平进行综合评估，从而明确被审计单位控制执行的有效性及缺陷性。

3. 对审计证据的实质性测试

审计人员要针对审计证据进行实质性测试。该测试一般由以下内容组成：

（1）确保各明细项目与总账的余额一致。

（2）对原始凭证进行抽样调查。

（3）对固定资产进行完整清查。

（4）核对银行存款与现金数量，确保账目一致。

（5）对库房中的资产进行清点。

（6）对未函证的项目以替代程序进行核算。

（7）系统复核工程资料，确保支出的合理。

（8）在处理经济合同时，复核招投标文件。

（9）核查合同、支票、发票、入库单据等文件的一致性。

（10）当审计涉及税务项目时，要注意查验被审计单位是否依法按时、足量纳税。

（11）保证各类费用审批、使用流程的正当性和合理、合法性。

（12）其他审计程序。

（七）审计报告与意见

1. 编制审计报告

当内部审计人员完成审计工作后，要根据审计结论编制审计报告。审计报告中应包含审计意见。有时出于实际情况的需要，审计人员也可以在内部审计的过程中利用现有证据提出报告，以便于被审计单位根据审计报告及时调整自身的经营方向和方式。审计报告的编制应实事求是、客观公正地反映审计事项。

一般而言，内审审计报告的编制应当遵循以下原则：

（1）公正性。审计报告应当是基于客观事实对被审计单位财务状况和经营状况的客观反映。

（2）规范性。无论是在审计证据的获取环节还是审计报告的编制环节，审计人员都要严格遵照流程规范。

（3）及时性。审计报告是为被审计单位当前财务和经营状况服务的，必须保证其及时性。

（4）简明性。一份合格的审计报告应当兼具简洁性和可理解性。

（5）针对性。审计报告应当有的放矢，针对被审计单位生产和经营中产生的问题提出切中要害的意见。

（6）复核权责分明。内部审计需要确定每一级复核单位的权责范围。

（7）权衡风险性与重要性。审计人员应当综合考虑被审计项目的风险性与重要性程度。

（8）保障性。一份合格的审计报告应当以向被审计单位提供风控保障和经营建议为目标。

2. 形成审计意见

审计报告定稿后，应按规定送至审计委员会或高级主管领导进行审阅，或直接获得上级授权进行处理。对审计报告采取适当的方式进行讨论，并形成审计意见，审计意见应送至被审计单位的管理层，并要求被审计单位进行整改或采取措施向提及的审计意见方向努力。

在审计报告编制完成后，要征求被审计单位对审计报告的意见。审计单位应当针对这些反馈对审计报告进行重新审视，必要时还要根据被审计单位反馈的意见对审计报告进行修改。此外，内审部门还应当将修改后的审计报告交予被审计部门，并要求其限期整改审计报告中反映出的问题。

（八）后续审计

1. 后续审计的特点

通常而言，外部审计部门在出具报告以后，审计工作即宣告结束，而内部审计部门则需要在审计报告出具以后继续跟踪被审计单位是否针对审计报告中提出的问题进行整改,并对这些整改情况进行评价,这种评价就是后续审计。

后续审计具有以下特点:

(1)后续审计不是一个独立的审计项目。后续审计是前一次审计的延续,如果被审计单位针对审计报告中提出的问题进行了积极整改,而内部审计部门也认为这些整改是切实有效的,则后续审计也可被视为下一次审计工作的准备部分。

(2)在后续审计中,审计人员重点关注的应是问题能否得以解决以及对被审计单位的影响,而不在于审计报告中所提出的具体建议是否得到严格执行。因此,被审计单位所采取的针对问题的纠正措施及其效果是后续审计的主要内容。

(3)后续审计的程序与方法与一般的审计程序和方法基本相同,但针对性较强。

2. 后续审计的方式

后续审计的常见方式有以下三种:

(1)高级管理层与被审计单位协商,决定是否、何时、怎样按照审计人员的建议采取纠正活动。

(2)被审计单位按照决定采取行动。

(3)在报送审计报告之后,经过一段合理的时间,内部审计人员对被审计单位进行复查,看其是否采取了合理的纠正措施并取得了理想的效果。如果未采取行动,则分析是否是被审计单位高级管理层和董事会的责任。

3. 后续审计的步骤

后续审计工作是保证内部审计人员落实审计建议和实现纠错防弊职能的重要步骤,审计人员只有认真履行审计程序才能保证审计质量。后续审计的步骤如下:

(1)认真听取被审计单位的反馈意见。被审计单位的意见反馈通常有四种：①不反馈；②反馈意见不充分；③被审计单位内部存在意见分歧；④被审计单位提交了不采取纠正措施的详细说明。内部审计人员应对被审计单位的意见反馈有一个全面的了解，并对今后审计方向有一个大致的划分，比如澄清事实或采用必要的纠正措施。需要注意的是审计人员没有权力将自己的意见强加到被审计单位身上。

（2）审计人员与被审计单位应就反馈的问题中存在争议的部分进行探讨。探讨内容包括被审计单位没有反馈的意见，此种情况下，审计人员会采取面谈或者电话咨询方式探寻被审计单位的反馈实况。双方探讨要秉承公平、公正、客观的原则，审计人员不能出现侵权、越权等违规行为。

（3）重大审计结果的后续跟踪，以现场追踪审计的方式较多，主要有面谈、询问、测试和资料检测等。追踪审计与内部审计实施过程相似，后续审计跟踪工作的关键程序是现场数据跟踪调查和实施过程中的文字资料记录，关于后续跟踪情况应形成文件，为今后审计人员的数据调查和审核等工作提供参考。

（4）各项实施措施的有效评估。审计人员对采取的各项措施以及控制风险进行重新估测，其中控制风险评估是后续审计工作的关键部分，采用的模型和风险排序等评估工作可以与前期审计工作流程相一致。

（5）上交后续审计报告。后续审计报告上交的目的是让内部审计部门管理层负责人员对此次审计工作有一个了解，包括被审计单位的事实澄清和风险程度的二次评估。报告内容涉及类目较多，大体是后续审计结果、控制风险重新估测结果、被审计单位的意见反馈等内容。

二、内部审计的管理与控制

"随着我国社会经济的高速发展和互联网的兴起，大量的企业正在快速扩张，演变成集团企业或大企业集团、上市企业等，这就对企业管理者的经营管理水平提出了更高的要求，需要更加规范化的管理和更加严格化的内部管控。"①

（一）内部审计项目管理

内部审计项目管理，就是内部审计部门在进行审计项目工作时所进行的管理。表现为审计工作进行过程中，所涉及的审计计划、人力、财力、组织协调能力、审计结果质量和其他相关事宜等内容。

1. 内部审计项目管理的相关负责人

内部审计项目管理的实施离不开内部审计部门负责人和项目负责人管理职能的发挥，他们主要有以下职能：

（1）审计机构负责人，主要负责整体领导审计项目的运行工作。具体包括：选派适合的项目负责人；审查批准相关审计计划；整体督察审计项目的进度和实施状况；批准相关审计报告的可行性；其他审计事项和项目的批准工作。

（2）项目负责人，主要负责审计项目的管理工作。具体包括：制定相关审计计划并且根据计划制定具体的实施方案；开展和实施审计项目；现场监督指导审计工作；对审计工作进行总结整理汇报报告；组织审计的后续实施工作；其他相关的审计工作。

2. 内部审计项目管理的方法

为了保证审计项目管理的科学性和可控性，内部审计部门应采用相应的管理手段，改进和完善相应的项目管理工作。具体的管理手段包括：审计工作的授权表；列出审计任务的清单；制定审计会议议程；制定审计工作的底稿检查表；制定审计文书的跟踪表以及其他的管理手段。

（1）审计工作授权表，是审计经理任命审计组织的一个正式表格，以此来明确审计项目组织的责任和权限，表中注明了审计项目组织完成任务的具体安排。

（2）审计任务清单，是反映审计项目执行中的管理细节，包括每日工

---

① 甘书俊.内部审计独立性研究[J].财讯，2021（27）：177.

作、每周工作、审计步骤等详细安排。

（3）审计会议议程，是组织和开展审计项目的重要环节。在计划阶段，审计小组根据进点前所了解的被审计单位情况和以前审计情况召开的小组会议，对审计重点和注意事项做统一安排，以便审计人员在审计项目实施中能做到有的放矢；在审计进点会上，审计人员要了解被审计单位对单位经营现状以及前期审计报告所提问题的整改情况，在此基础上进行审核就会提高审计效率；审计过程中若发现比较严重的问题或需要审计小组全体协商、沟通的问题时，召开小组沟通会是很必要的；在现场审计结束后，审计小组需要召开关于审计发现问题汇总和审计情况小节的会议，便于审计组长了解审计项目的总体情况。

（4）审计工作底稿检查表，是审计组长进行审计复核和汇总的载体，它可以通过文件形式把审计组长要求审计员纠正与修改的重点和意见传达给审计组成员。

（5）审计文书跟踪表，适用于要求在组织内部将报告发给为数众多的大型内部审计部门，因为并非所有的内部审计部门都采用了正式的报告发送。如果没有该跟踪表，审计项目中一些重要步骤细节，如审计报告的传递步骤，就可能被忽略，从而造成管理失误。

（二）内部审计质量控制

1. 内部审计质量及其控制

（1）内部审计质量

内部审计质量是指内部审计工作的规范程度和审计作用的发挥水平，是审计工作水平的综合反映和集中体现。内部审计质量有广义和狭义两种含义。广义的内部审计质量指内审工作总体质量，包括管理与业务质量。狭义的内部审计质量则仅指内审的业务工作质量。

影响内部审计质量的因素有很多。企业管理者对审计工作的态度、制度方面的缺陷和不足、审计机构设置与人员配备的不合理等，都会在一定程度上降低内部审计的质量。因此，要提高内部审计质量，就要合理设置内部审计部门、规范内部审计流程、科学合理安排时间、提高审计队伍的综合素质。

内部审计质量有其标准,我国内部审计规范有《内部审计准则》《内部审计人员道德规范》等。内部审计质量的评价标准就是看内部审计部门在开展审计项目工作时是否严格按照这些规范进行。

(2)内部审计质量控制

在内部审计工作中,为了保证审计工作的质量,就必须做好审计工作的质量控制,保证审计工作能够按照其基本原则开展。

内部审计质量控制是指内部审计部门和审计人员为确保其审计质量符合内部审计准则的要求而制定和执行的一系列政策和程序。加强内部审计质量控制的重要作用体现在:①内部服务职能发挥好坏有赖于内部审计质量的控制;②加强质量控制可以有效降低内部审计风险,发挥好内部审计监督职能;③内部审计部门地位的提高有赖于其工作的价值,质量控制保证了内部审计在促进企业价值增值过程中的作用。

2. 内部审计质量控制措施

(1)审计氛围的质量控制措施

审计人员在进行审计工作的过程中,需要董事会和管理层为审计人员营造具有独立性的审计氛围。只有营造出独立性的氛围,审计人员才能严格地遵守《内部审计准则》及《内部审计人员职业道德规范》,客观地、不受干扰地从事审计工作。为审计人员提供独立性的审计氛围,是审计工作最重要的质量控制措施。只有成功营造独立性氛围,才能保证审计人员的正常工作,进而保证审计结果的质量。

(2)审计人员素质的质量控制措施

审计质量控制中最活跃、最积极因素是人。加强审计质量控制,首先,必须加强审计队伍的素质建设。具体体现在:审计人员要有适应岗位职责的能力;内部审计部门负责人要根据具体的审计要求指派相应能力的审计人员;加强审计人员的专业素质培训,大力培养一批独立公正、严谨负责的职业道德和一专多能的复合型审计人员；为审计人员自身的职业发展提供晋升平台和发展机会；除此之外，遇到特殊要求的任务可以咨询相关的专家来解决。

（3）审计过程的质量控制措施

审计质量控制要抓住审计过程中的关键环节，有针对性地解决审计质量控制的实际问题，增强审计质量控制的实效性。一是把好审计项目计划关。在审计项目立项和计划编制上，要坚持"全面审计，突出重点"的方针，选好、选准审计项目，保证审计项目科学性、针对性和可行性。二是把好依法审计关。坚持依法审计，是审计质量控制目标的价值所在。要如实揭露和反映问题，敢于依法处理问题。三是把好审计报告关。审计报告在内容上要做到如实揭露问题，深刻分析问题产生的原因，提出解决和预防问题的办法，并进一步增强审计监督的权威。四是把好审计结果的跟踪落实关。要强化措施，加大力度，健全审计结果跟踪检查和督促落实机制，使审计结果落实工作制度化、规范化。

（4）审计项目的整体质量控制措施

在进行内部审计工作的过程中，需要对审计项目质量进行科学考评，这是审计质量控制的重要方面，是提高审计水平的有效途径。一是加大事前、事后控制力度。要重视搞好审前调查，编制好审计方案，为审计项目的高质量创造好的前提；加强事后控制，重视开发利用审计项目成果，不断提升审计成果质量。二是运用文件和记录控制方式，确保审计记录清晰、完整。各类证明材料要真实、可靠，报告修改依据要准确、充分，所有审计公文内容要完整无误。三是运用外部监督方式，促进审计系统整体质量控制水平和审计质量的提高。四是运用激励措施，调动审计人员重视、提高审计项目质量的积极性。五是完善审计质量问责制。通过规范审计过错追究行为，加强审计项目质量控制的制约机制。

第四节　内部审计的风险与防范

一、内部审计风险的概念与特性

（一）内部审计风险的概念

内部审计风险是指被审计单位在财务报告中存在重大错报、漏报或企业经营管理上存在弊端和漏洞，而内部审计人员认为财务报告是合法、公允以及经营管理是健全有效的，并因此提出不恰当审计意见的可能性。

（二）内部审计风险的特性

第一，具有不可避免性。审计活动过程本身就存在审计风险，因为形成审计风险原因的多样性，也就造成了内部审计风险的必然性。通常审计工作采取抽样的审计方法本身就存在随机性，而且还不能排除被审计单位的经济业务可能存在复杂情况以及相关人员可能存在道德和品质问题的影响，所以审计结果可能会出现与客观实际不相符的情况，也就是内部审计风险的不可避免性。

第二，具有普遍性。由于审计活动不是一蹴而就的，是历经很多环节、步骤最终形成审计结果的，所以审计活动结果必然存在风险，每一个环节都可能出现误差，都会导致审计结果与实际情况存在偏差，所以，审计风险具有普遍性。

第三，具有潜在性。在审计活动过程中，只有发现了审计错误，才能知道出现了审计风险，换言之，即使审计人员出现了审计失误，但是只要审计错误被人们所接受，那么就不会进行再次验证，审计人员也就不会承担实际的错误后果。因此，对审计人员来说，审计风险只是潜在性的，只是可能会出现的风险，造成的损失也需要显化过程。

第四，具有无意性。审计风险的无意性是指审计过程中的一些客观原因或者审计人员无意识的主观原因造成的审计风险。换言之，并不是审计人员的故意主观行为。如果是审计人员故意制造审计风险，那么并不算是真正的审计风险。

二、内部审计风险的防范

（一）确保内部审计的正确了解

第一，制定合理有效的内部审计工作规范。首先，内部审计工作规范是指经审计部门管理人员审查批准后，审计工作开展需要参照和遵守的根本性文件。内部审计工作规定具体明确了审计的地位、目的、任务、责任、权限等。其次，在制定内部审计工作规范时，需要全面考虑审计资源、审计手段，结合审计工作的责任、权限、目的等内容制定出合理的内部审计工作规范。最后，规范需要平衡审计资源、手段、目标、责任、权限之间的关系，做到相互制约、相互促进。除此之外，内部审计工作规范的制定，可以让审计管理人员更清楚地了解审计机构的实际情况。

第二，制定科学的审计计划。审计活动的开展需要平衡审计资源、审计风险、审计目标等方面，所以审计计划必须根据有限的审计资源，围绕审计目标和审计风险开展，从而达到最大化地利用审计资源。而且审计计划的制定，必须明确审计项目的类别和审计目标，只有明确了项目类别和目标，内部审计部门的管理人员才能清楚明了即将展开的工作重点。

第三，制定定期沟通机制，形成上下之间的沟通。在审计工作开展的过程中，难免会遇到一些审计困难和审计问题，可以通过制定定期沟通机制，达到和管理层的有效沟通，在管理人员了解到审计工作的进展和遇到的困难后，审计管理人员可以对审计工作进行切实的帮助。相应地，审计人员也可以了解管理人员对审计计划的看法和期望，完善审计计划，合理调配审计资源，从而达到更好的审计效果。定期的有效沟通，对审计人员和管理人员来说，都可以及时了解审计项目的进展情况，适时地调整审计工作，综合客观实际开展工作，从而降低内部审计的风险。

第四，健全审计工作的制度规定，健全对被审计单位提供虚假数据行为的处罚制度。除此之外，还应健全审计人员调查工作的问责制度。通过制度的完善来保证审计工作的顺利进行，降低内部审计风险。

（二）科学应用审计方法

1. 抽样审查法

随着技术的发展，现在内部审计常运用现代的经济统计技术和方法，也就是以抽样审查法代替过去的全面审查法，这种做法，不仅能降低审计风险，提高审计质量，还能保证审计效率。而且结合近年来被审计单位规模的扩大和有限的审计资源成本现状来看，选取审计抽样的办法是最有效的，只要在审计过程中科学合理地应用审计抽样就能保证内部审计的结果。

审计抽样是指在审计过程中，审计人员通过从审计总量中随机选取一定数量的样本，通过审查样本的结果来判断审计总体结果的一种审计方法，具体包括判断抽样方法和统计抽样方法。

判断抽样方法是指内部审计人员通过对业务的了解，利用自己的经验判断哪些样本可能存在问题。通过判断抽样的方法，特别是在舞弊审计中，可以充分提高样本抽样的准确度。统计抽样是指以概率论原理和数理统计为基础，随机抽取一定的样本后，通过计算机计算获取审查结果，根据计算结果推断总体审计结果的抽样办法。因为采用的是数理方法为基础的抽样审计，所以在选择样本时，可以保证每个样本被选中的概率是相同的。因此，统计抽样方法选出的样本，更具有客观性和代表性。除此之外，抽样风险还可以用数学公式量化，以往统计抽样操作复杂，但是随着计算机在审计活动中的应用与发展，统计抽样操作变得更加简单，相比判断抽样方法显得客观性更强。

总的来说，通过科学有效地使用判断抽样方法和统计抽样方法可以保证审计抽样的合理，有效降低审计风险。

2. 风险基础审计法

风险基础审计是一种有别于账项基础审计和制度基础审计的审计模式。它以量化的风险水平为重点，在确定的风险水平基础上，决定实质性测试的程度和范围。风险基础审计要求审计人员要对可能出现风险的环节进行控制、分析和评价，确定收集证据的数量、方式和性质。在风险基础审计中，需要运用大量的分析方法，并且能够将方法贯彻落实在审计工作的每一阶段，引起审计人员对风险的重视，最终从整体上将审计过程变成降低审计风险的过程。

相比于其他审计方法，风险基础审计明显的优势是通过整体的风险评估，帮助审计人员快速找出高风险的审计项目，有利于审计人员找出被审计单位存在的重大差错问题和舞弊行为，从整体上降低内部审计的风险。当审计风险降低在可接受的范围之内，审计人员就可以针对审计信息发表审计意见了。

由此可见，风险基础审计为审计人员提供了完整的审计工作思路，有利于提高审计效率，降低审计风险。

（三）强化对被审计单位的监控工作

为了降低审计风险，可以在审计工作开展前了解被审计单位的具体情况。

首先，可以了解被审计单位的经营工作情况，具体包括经营项目的运作、经营理念、经营活动的性质、经营活动的流程等。

其次，可以了解被审计单位的内部管理工作，具体包括内部管理的控制情况、内部管理的复杂程度、内部控制手册以及内部控制的充分性、有效性、适当性。

最后，还可以了解被审计单位的经营压力和外部环境，具体表现为被审计单位所涉及的相关市场环境和法律法规。

通过对被审计单位的全方面了解，有利于评估审计工作的风险，方便制定合理的审计计划，有针对性地降低审计风险。

第二章　企业内部审计的理论透析

第一节　企业内部审计的对象与职责

一、企业内部审计的对象

企业内部审计的对象是指企业所有的业务事项，围绕着企业财务活动和企业经营管理活动生成企业内部审计的主要对象。具体而言，内部审计的对象主要包括以下方面的内容：

第一，内部审计要检查和评价财务收支活动的合法性和合规性。内部审计主要检查这些活动是否符合国家的有关政策和法规，是否有违反法纪的虚假行为，是否符合有关内部制度的要求，检查和评价各种报表、信息（如会计记录、会计报表、电子计算机的软件等）的真实性和可靠性，鉴证账实是否相符。一般也称为内部财务审计。

第二，内部审计把企业供、产、销等业务经营活动的过程和结果作为具体审计对象。内部审计主要检查和评价经济业务活动的效率、效果和资源消耗是否经济，例如，检查和评价是否采取了提高劳动效率的措施，企业的经济决策和计划是否合理并得以贯彻执行，是否执行了经济合同，是否实现了预期的经营目标等，一般又称为内部经营审计。

第三，内部审计还必须检查和评价单位的内部控制制度和管理活动。即内部审计主要检查和评价各部门管理制度设计的合理性，组织目标和方针的恰当性及其履行的有效性，鉴定组织内部各职能部门存在的或潜在的薄弱环节，检查和评价单位的人事政策、人员素质及培训情况等，提出改进管理的措施和建议，促进管理素质和水平的提高。

二、企业内部审计的职责

现代企业内部审计的职责是根据企业治理的要求和董事会的需求而不断发展的。董事会对内部审计的需求，主要与董事会利用内部审计工作的结果来履行董事会的职责有关。这主要是因为董事会由于人员数量、工作、信息获取等限制，难以完全依靠自身的力量去完成各项具体工作。而企业内部审计凭借其相对独立的地位、丰富的审计经验和专业的人力资源，就自然而然地充当了董事会大部分工作的实际执行者。内部审计仅仅是董事会的审计委员会领导下的具体工作者，它所执行的是为董事会进行决策时提供相关信息的基础工作，并不能替代董事会做出任何决策。现阶段，按照企业治理的要求，内部审计应履行以下职责：

第一，审查管理层对企业的发展战略和各项目标的贯彻、执行情况。

第二，审查和评价管理层履行职责的合法合规性，包括对国家和行业的各项法律、法规、规章和规范的遵循情况，以及对企业制定的各项政策、制度、程序的遵循情况。

第三，审查和评价企业的风险管理状况，提出加强和改善风险管理的措施和建议。

第四，检查和评价企业内部控制系统的有效性，发现并预防各种形式的错误和舞弊，提出进一步改进的咨询建议。

第五，评价企业治理的环境和薪酬管理、财务资源分配、舞弊控制政策制定的合理性，提供反映企业治理绩效的相关信息。

第六，董事会交办的其他事项。

第二节　企业内部审计的职能与作用

一、企业内部审计的职能

"内部审计在企业运行管理中发挥着十分重要的作用，通过深入开展内部审计工作，能够有效完善企业治理体系，推动企业的健康稳定发展。新时代下，企业内部审计面临着新的发展机遇和挑战。为充分发挥内部审计的作用，需进一步拓展内部审计职能，全面覆盖经济领域和非经济领域。"[①]

（一）监督职能

内部审计部门是企业内部一种独立的经济监督主体，其基本职能就是经济监督。监督职能是指以财经法规和制度规定为评价依据，对被审计对象的财务收支和其他经济活动进行检查和评价，衡量和确定其会计资料是否正确、真实，反映的财务收支和经济活动是否合法、合规、合理和有效，有无违法违纪和浪费行为，督促被审计对象遵守财经纪律，改进经营管理水平，提高经济效益，促使企业自身的经营活动与国民经济和社会发展协调一致，从而实现企业的自我完善和自我约束。

（二）评价职能

评价职能，指企业内部审计部门通过履行审核检查程序，评价被审计对象的计划、预算、决策、实施方案是否先进可行，经济活动是否按照既定的决策程序和目标进行，经济效益的好坏以及内部控制制度是否健全和有效。从而有针对性地提出建议，促进企业改善经营管理理念，提高经济效益。

（三）控制职能

企业内部审计作为企业内部控制系统中一个重要组成部分，是企业内部控制的再控制。因其受企业主要负责人的直接领导，能够站在企业发展的全

[①] 吉海燕.探讨企业内部审计职能拓展及实现路径[J].商场现代化，2022（11）：96-98.

局来分析和考虑问题，对企业的生产经营活动实行有效控制，提供直接的技术支持，并检查控制程度和效果，发现控制中存在的不足和问题，确保企业实现控制系统的最终目标。

（四）咨询职能

内部审计部门有义务和责任对企业的各项经营活动提供政策咨询服务，将自身特有的专业优势融入企业经营管理的各个方面。在工作中发现问题，对企业制度、管理和经营控制等方面提供针对性的咨询服务，预防出现严重的经营波动和管理漏洞。同时，还可以开展一些工作，如顾问、建议、协调、流程设计和培训等，为企业各管理层提供有效的服务。

二、企业内部审计的作用

内部审计的作用是随着内部审计本身的内容、范围、职能的发展而逐渐扩大的。在社会主义市场经济条件下，企业内部审计具有双重作用：一方面对部门、单位的经营活动实现监督，促使其合法合规；另一方面对部门、单位的领导负责，促进企业经营管理状况的改善、经济效益的提高。具体来说，企业内部审计的作用主要包括以下方面：

（一）为企业管理层做经营决策提供依据

现代企业内部审计已经从一般的查错防弊发展到对内部控制和经营管理的审计，涉及生产、经营和管理的各个环节。企业内部审计不仅可以确定企业的活动是否符合国家的经济方针、政策和有关法令，还可以确定企业部门内部的各项制度、计划是否得到落实，是否已达到预期的目标和要求。通过企业内部审计所搜集到的信息，如生产规模、产品品种、产品质量、销售市场等，发现某些具有倾向性、潜在性、普遍性的问题，为企业管理层做出经营决策提供重要依据。

（二）揭示经营管理薄弱环节，促进企业健全约束机制

在社会主义市场经济条件下，企业的经营活动不仅要受到国家财经政策、财政制度和法令的制约，而且要遵守企业内部控制制度的规定。企业内

部审计部门可以相对独立地对企业内部控制情况进行监督、检查。客观地反映实际情况，并通过这种自我约束性的检查，促进企业各部门建立健全内部控制机制。

（三）促进企业改进工作或生产，提高经济效益

内部审计通过对企业经济活动全过程的审查，以及对有关经济指标的对比分析，发现差异，分析差异形成的因素，评价经营业绩，总结经济活动的规律，从中揭示企业未被充分利用的人、财、物的潜力，并提出改进措施，促进企业经济效益的提高。

（四）监督经济责任的履行，维护企业的合法权益

同外部审计一样，所有权与经营权的分离是内部审计产生的前提，确定各个受托责任者经济责任履行情况也是内部审计的主要任务。企业内部审计主要查明企业各部门责任者是否完成了其应负经济责任的各项指标（诸如利润、产值、品种、质量等），以及这些指标是否真实可靠，有无不利于国家经济建设和企业发展的长远利益的行为。企业内部审计既可以对企业各部门责任者的工作进行正确评价，维护企业的合法权益，促进企业的长远发展。

第三节　企业内部审计的工作流程分析

一、企业审计立项与授权

第一，企业审计立项。企业审计立项是指确定具体的内部审计项目，即被审计的对象。企业审计对象包括企业下属的各子企业，企业内部的各职能部门、各项经营活动或项目、系统等。

第二，企业审计批准与授权。对于已立项的审计项目，内部审计部门应在审计实施前以正式报告的形式报企业领导审核、批准与授权。

二、企业审计准备

（一）初步确定具体审计目标和审计范围

1. 确定内部审计目标

企业内部审计的总目标是审查和评价企业各项经营管理活动，协助企业成员有效地履行他们的职责。

2. 确定内部审计的范围

企业内部审计的范围一般包括以下方面：

（1）组织内部控制系统的恰当性和有效性。

（2）财务会计信息、资料的准确性、完整性、可靠性。

（3）经营活动的效率和效果。

（4）资产的护卫情况。

（5）对法律、法规及政策、计划的遵守和执行情况。

企业内部审计人员应根据具体的审计任务确定具体的审计范围以确保审计目标的实现。

（二）编制年度审计工作计划

企业的内部审计部门应在年初根据董事会的要求和企业的具体情况，确定审计重点，编制年度审计工作计划，经副总经理、运营总监审核后执行。

1. 年度审计工作计划的内容

企业年度审计工作计划应当包括下列基本内容：

（1）年度审计工作目标。

（2）具体审计项目及实施时间。

（3）各审计项目需要的审计资源。

（4）后续审计安排。

2. 年度审计工作计划的编制依据

编制企业年度审计工作计划应当结合内部审计的中长期规划，在对企业风险进行评估的基础上，根据企业的风险状况、管理需要和审计资源的配置情况，确定具体审计项目和时间安排。

企业内部审计部门在编制年度审计工作计划前，应当重点调查了解下列情况，以评价具体审计项目的风险：

（1）企业的战略目标、年度目标及业务活动重点。

（2）对相关业务活动有重大影响的法律、法规、政策、计划和合同。

（3）相关内部控制的有效性和风险管理水平。

（4）相关业务活动的复杂性及其近期变化。

（5）相关人员的能力及其岗位的近期变动。

（6）其他与项目有关的重要情况。

（三）制定项目审计方案

企业的审计方案在计划审计工作时由审计负责人初步制定，并在审计工作实际进行中根据需要进行修改和调整。

1. 审计方案的内容

企业审计方案的主要内容包括：①编制审计方案的依据；②被审计单位的名称和基本情况；③审计目的、审计范围及审计策略；④重要财会及经济活动问题及重点审计区域；⑤审计工作进度及时间预算；⑥审计组组成员及人员分工；⑦重要性水平的确定及风险的评估；⑧需被审计单位配合支持的事项；⑨编制审计方案的日期；⑩其他有关内容。

2. 审计方案的编写

企业内部审计人员可以同企业有关人员就审计方案的某些要点和某些审计程序进行讨论，使企业有关人员配合审计程序的执行及有关协调工作，但独立编制审计方案仍是内部审计人员的责任。

企业审计项目负责人应当根据企业的这些情况，编制项目审计方案：①业务活动概况；②内部控制、风险管理体系的设计及运行情况；③财务、会计资料；④重要的合同、协议及会议记录；⑤上次审计结论、建议及后续审计情况；⑥上次外部审计的审计意见；⑦其他与项目审计方案有关的重要情况。

3. 审计方案的审核

对企业的审计方案进行审核，应注意审核以下主要事项：

（1）审计目的、审计范围及重点审计领域的确定是否恰当。

（2）时间预算是否合理。

（3）审计组成员的选派与分工是否恰当。

（4）对被审计单位的内部控制制度的信赖程度是否恰当。

（5）对审计重要性的确定及风险的评估是否恰当。

（6）审计程序能否达到审计目标。

（7）审计程序是否适合各审计项目的具体情况。

（8）其他需要审核的事项。

4. 审计方案的调整

企业的审计组在实施审计过程中，如发现审计方案不适应实际需要时，可以根据具体情况按照规定及时调整。审计组调整审计方案，应当向审计部门主管说明调整的理由，并书面提出调整建议，报经审计部主管同意后实施。审计组在特殊情况下不能按前条规定办理调整审计方案签批手续的，可以口头请示审计部主管同意后，调整并实施审计方案。项目审计结束时，审计组应当及时补办签批手续。

三、企业获取审计证据

（一）企业审计证据的种类

企业审计证据包括：①以书面形式存在并证明审计事项的书面证据；②以实物形态存在并证明审计事项的实物证据；③以录音录像或计算机储存、处理的证明审计事项的视听材料或其他介质材料；④与审计事项有关人员提供的言证材料；⑤专门机构或专门人员的鉴定结论和勘验笔录；⑥其他证据。

（二）企业审计取证要求

第一，企业内部审计人员可以搜集能够证明审计事项的原始资料、有关文件和实物等，无法实现的情况下也可以采用文字记录、摘录、复印、拍照、转储、下载等方式取得审计证据。

第二，企业内部审计人员在搜集实物证据时，应当注明实物的所有权、数量、存放地点、存放方式和实物证据提供者等情况。

第三，企业内部审计人员在搜集视听材料或者电子数据资料时，应当注明制作方法、制作时间、制作人和电子数据资料的运作环境、系统以及存放地点和存放方式等情况。必要时，电子数据资料能够转换成书面资料的，可以将其转换成书面资料。

第四，企业内部审计人员在搜集鉴定结论和勘验笔录时，应当注明鉴定或者勘验的事项、向鉴定人和勘验人员提交的相关资料、鉴定人或者勘验人的资格等。

第五，对实现审计目标有重要影响的审计事项的审计步骤和方法难以实施，或者实施后难以取得充分证据的，企业内部审计人员应当实施追加或者替代的审计步骤和方法。仍难以取得充分审计证据的，应当由审计组长确认，并在审计日记中予以记录和在审计报告中予以反映。

第六，企业内部审计人员取得审计证据，应当有证据提供者签名或者盖章。不能取得提供者签名或者盖章的，内部审计人员应当注明原因，不能取得签名或盖章不影响事实存在的，该审计证据仍然有效。

（三）企业审计证据的搜集方法

1. 检查记录或文件

检查记录或文件是指企业内部审计人员对企业的会计记录和其他书面文件可靠程度的审阅和复核。

审阅是指企业内部审计人员对企业的原始凭证、记账凭证、会计账簿、会计报表和经营计划、预算、决策和其他书面文件的内容和形式进行详细的审查和研究。在审阅书面文件时，在内容上应注意其是否真实、合法。在形式上应注意其要素设计是否全面合理，各要素填制是否齐全。

复核的重点是各种会计记录和其他书面文件中各种数据的正确性和一致

性，比如销货发票中的数量、单价和金额是否正确，总账余额和所属明细账余额合计数是否相同，总账余额与会计报表中相应项目的余额是否相同等。

2. 检查有形资产

检查有形资产是指企业内部审计人员现场监督企业各种实物资产及现金、有价证券的盘点，并进行适当的抽查。对于一般实物资产，由企业的人员进行盘点，内部审计人员对盘点进行监督；对于贵重实物资产，内部审计人员还可以进行重点抽查，如盘点各种实物资产及现金、有价证券等。检查有形资产能够确定实物资产是否存在，有时还能确定实物资产的状况和质量，但不能确定实物资产是否归企业所有和计价是否准确。

3. 观察

观察是指企业内部审计人员对企业的经营场所、实物资产和有关业务活动及其内部控制的执行情况等进行实地查看。比如，内部审计人员观察财务部门的工作，可以了解其各项职责的履行情况。如果观察所取得的审计证据不具有充分性，则需要有其他证据佐证。

4. 询问

询问是指企业内部审计人员向有关人员进行的书面或口头询问以获取审计证据的方法。比如，向有关人员询问内部控制执行情况。内部审计人员可以采用书面或口头两种方式进行询问。由于被询问人员回答时的主观性和随意性，询问取得的审计证据可靠性较差。

5. 函证

函证是指企业内部审计人员为了获取财务报表或相关披露认定的项目的信息，通过来自第三方的对有关信息和现存状况的声明，获取和评价审计证据的过程。函证包括两种方式：肯定式函证和否定式函证。肯定式函证是指无论函证的内容与被函证人的记录是否一致，都要予以回复的函证方式；否定式函证是指只有在函证的内容与被函证人的记录不一致时，才予以回复的函证方式。

企业内部审计人员在采用函证法时，还应考虑到被函证对象的信誉、品德、客观性等，这些因素也会影响审计证据的可靠性。同时，内部审计人员应确保函证的内容明确，不会被函证对象误解或曲解。

6. 重新计算

重新计算是指企业内部审计人员以人工方式或使用计算机辅助审计技术，对记录或文件中的数据计算的准确性进行核对。计算的适用范围为：凭证、账簿、报表中有关数据的验算，横向、纵向加总的验算，如折旧的计算。

企业内部审计人员进行计算的目的在于验证被审计单位的凭证、账簿和报表中的数字是否正确，在运用计算方法取证时，应采用与企业确定的政策和选定的方法相一致，但在计算形式和顺序上可以按内部审计人员认为最有利于提高效率的方式进行，不一定要遵循企业的原定方式和方法。

第三章　政府审计的相关知识理解

第一节　政府审计的本质及地位

一、政府审计的本质

"政府审计的本质决定着政府审计的目标、方法、职能及其发展的内在规律。正确把握政府审计的本质，合理认清政府审计本质的实现，对于政府审计理论研究工作和政府审计实践活动都具有十分重要的意义。"[①]政府审计属于经济监督，是指政府审计机关对会计账目进行独立检查，监督财政、财务收支真实、合法和效益的行为，其实质是对受托经济责任履行结果进行独立的监督。区分政府审计与其他经济监督的关键是政府审计的独立性。在任何一个国家，为了确保国民经济的正常运行，都设有不同的经济监督部门，在不同的领域行使监督职责，如审计、统计、计划、财政、金融、工商行政、税务等监督。审计监督的最主要特点在于其独立性，审计机关独立于被监督部门，专门从事经济监督活动。而其他监督部门，主要职责是行使该部门的经济管理之责，监督是结合自身的管理工作进行的。

二、政府审计的地位

在我国，以政府职能部门为主体的监督称为专业监督，如财政、税务、

---

① 彭博，李春华. 浅谈对政府审计本质的认识 [J]. 黑龙江对外经贸，2011（01）：159–160.

海关、银行、证券、保险、工商等部门的监督，各个职能部门的监督有明确的分工且又相互联系，与审计监督共同构成完善的经济监督体系。政府审计作为专门的综合性经济监督部门，在整个国家经济监督体系中处于十分重要的地位，主要表现如下：

(一) 政府审计的权威性和独立性强

1982年《中华人民共和国宪法》（以下简称《宪法》）中明确规定，在我国设立审计机构，实施审计监督制度，确立了审计监督在我国经济监督体系中的法律地位，为我国审计监督工作奠定了法律基础，保证了其较高的法律地位。政府审计机关职责是对财政财务收支实施经济监督，与其他经济监督部门相比，由于其自身没有直接的管理职能，与被审计单位之间没有任何经济或其他的利害关系，因此，其独立性比较强，能够代表国家客观公正地进行审计监督。

(二) 政府审计是综合性的经济监督

根据《宪法》和《审计法》规定，我国政府审计机关监督的范围十分广泛，包括国务院各部门、地方人民政府及其各部门的财政收支，国有金融机构和企事业单位的财务收支，以及其他依照《审计法》规定应当接受审计的财政财务收支。相对于其他专业经济监督部门仅限于本部门、本行业的监督，审计监督的内容比较全面。因此，政府审计监督是综合性的经济监督。

(三) 政府审计是对其他专业监督的再监督

我国的财政、税务、海关、银行、证券、保险、质检、工商等部门，主要履行自身管理职能，在履行管理职能的同时，行使一定的监督职能，所以这类监督的范围、内容和手段等都具有一定的局限性。审计监督作为综合性经济监督部门，通过对财政、税务、银行及其他专业经济监督部门的再监督，克服各专业经济监督在监督的范围、内容和手段等方面的局限性，促使这类部门正确发挥自身的监督权力，从而形成不同层次、不同角度的经济监督体系。

第二节 政府审计的目标与类型

一、政府审计的目标

政府审计的目的是审计工作所要达到的理想境地和希望境界，是审计的动因和归宿，属于理论层次。政府审计的目标不同于审计的目的，是审计目的的具体化，属于实践层次。审计目的的具体化表现为审计目标，政府审计的目标有以下三个：

第一，真实性目标。是指审计机关审查被审计事项的真实性，确定财政财务收支活动是否真实存在、是否已经发生、有无虚假舞弊行为，各种信息是否客观、真实地反映了实际的财政、财务收支状况和经营成果，政府各项经济责任是否如实履行，向社会公众公布信息是否真实无误。

第二，合法性目标。指审计机关审查被审计事项的合法性，确定各项财政、财务收支活动是否合乎法律和规章制度的规定，如会计处理是否遵循了会计准则和相关会计制度。

第三，效益性目标。是指审计机关审查被审计事项的效益性，效益性包括经济性、效率性、效果性。其中，经济性是指经营行为要符合节约原则，一项经营活动，在保证质量的前提下，将其资源的消耗量降到最低水平；效率性是指经营产品、服务等要做到以一定的投入实现最大的产出，或实现一定的产出使用最小的投入；效果性是指计划、预算和经营目标的实现程度，是将一项活动的实际效果与具体效果相比较，衡量其实现的程度。

二、政府审计的类型

随着政府审计的理论和实践的发展，肯定还会出现新的审计类型，这也预示着政府审计内容不断丰富，审计形式动态完善。政府审计中常见的审计类型如下：

（一）财务收支审计

财务收支审计是对金融机构、企业事业单位的财务收支及其所反映的经济活动的真实性、合法性所进行的审计监督。审计的目标主要是揭露和处罚各被审计单位财务收支方面的违法、违纪、违规问题，确保国家财政资金管理和使用的真实、合法、安全和有效，促进财务收支行为的制度化、规范化。

财务收支审计与资产、负债和损益审计有一定联系，也有一定区别。前者主要反映对被审计单位财务收支活动过程的动态审查，而后者主要突出对被审计单位财会报表中的各会计要素（即资产、负债和损益）的结果进行审计，当然过程与结果不可分的，财务收支活动过程最终会定格构成会计要素的变化之结果，两者可以说不无紧密联系，只不过两种审计各有侧重。

根据审计法的规定，政府审计开展的财务收支审计主要包括金融机构财务收支审计，国家金融机构资产、负债、损益审计，事业组织财务收支审计，企业财务收支审计，国家建设项目的财务收支审计，基金和资金的财务收支审计，国外援款与贷款的财务收支审计等。

（二）财政审计

财政审计又称财政收支审计，与财务收支审计相对应。财政审计是政府审计的永恒主题，财政审计是政府审计机关按照宪法和审计法对政府公共财政收支的真实性、合法性和效益性所实施的审计监督。

根据我国现行的财政管理体制和政府审计机关的组织体系，财政收支审计包括本级预算执行审计、下级政府预算执行和决算审计，以及其他财政收支审计。根据《中央预算执行情况审计监督暂行办法》的规定，中央预算执行审计主要是对财政部门具体组织中央预算执行情况、国税部门税收征管情况、海关系统关税及进口环节税收征管情况、金库办理预算资金收纳和拨付情况、国务院各部门各直属单位预算执行情况、预算外收支以及下级政府预算执行和决算等方面进行审计监督。

财政审计的主要目标是审查被审计单位财政、财务收入和财政支出是否符合有关规定项目，有无违反财政法规的行为；审查被审计单位的财政报表和会计记录是否正确合法；检查被审计单位的财政内部控制和内部管理制度是否建立健全且发挥了应有的作用；检查被审计单位的财政管理是否完备，执行效果是否收到应有效果等。

（三）金融审计

金融审计即政府审计机关对金融机构会计账证、会计报表和其他财务资料反映的业务活动的真实性、合法性和效益性进行的独立性的监督和审查。金融审计是金融监督的重要形式之一，也是政府审计开展较早、较多的审计类型。

政府审计开展的金融审计活动与金融机构传统的金融稽核在监督的对象、审计内容、监督要求、监督的程序与方法等方面存在不同，不可同日而语。金融审计对各级金融机构财务收支及其有关经济活动与经济效益的审查、分析与评价，主要内容包括货币发行和调节货币流通、组织存款、发放贷款、办理结算和现金出纳、管理金银和外汇等货币调控状况及财经纪律执行情况。审计客体包括国有银行审计、证券企业审计、信托投资企业审计、国有保险机构审计等。

金融审计的主要目标在于依法加强对金融机构的审计监督，揭示金融机构的资产、负债、损益的真实情况，揭露与纠正违法违规从事金融业务活动，促进金融机构加强管理、健全制度、依法合规经营、提高经济效益，为深化改革、稳定金融秩序、防范金融化解风险、保障国民经济健康发展服务。

（四）经济责任审计

经济责任审计是政府审计机关通过对党政领导干部或国有企业及国有控股企业领导人员及其所在地区、部门、单位的财政财务收支以及相关经济活动的审查验证，以监督、评价和鉴证党政领导干部或企业领导人员经济责任履行情况的审计活动。经济责任审计是颇具中国特色的审计监督活动，是我国审计界根据我国国情创造的审计类型，对世界审计的发展和审计功能的拓展发挥了重要引领、示范作用。

经济责任审计是我国政府审计机关重点关注的领域，是在传统财政财务收支审计的基础上发展起来的，也是对财政财务收支审计的深化、延伸和提高。它既包括财政财务收支审计的内容，也包含了经济效益审计的内容与方法，可以说是一种综合式审计类型。

经济责任审计的特点主要有：在性质上，经济责任审计是审计监督与行政监察相结合的产物；在技术上，经济责任审计是以财政财务收支审计为基础的；在组织上，经济责任审计是审计机关与纪检、组织、人事、监察等部门协同完成的；在审计对象上，不仅针对被审计单位，更是直接指向被审计人，或者说是经济责任承担者和履行者。

经济责任审计目前已成为党和国家加强干部监督管理的重要环节，成为预防和治理环境腐败、促进领导干部廉洁勤政的重要工具，成为推进依法行政、依法治理的有效手段，成为促进领导干部自身建设，推进国家治理良治、善治的重要形式。

第三节 政府审计和内部审计的联动

一、政府审计和内部审计之间的关系

首先，由内部审计与政府审计各自的特点可以看出，内部审计的目的是为组织的管理者服务，旨在为提高经济效益而进行审计。而政府审计的宗旨为维护国家利益，其工作目标是服务于政府，二者的出发点是不同的。

其次，由于政府审计服务于政府，因此它的审计建议不会像内部审计一样受到本单位领导的限制，政府审计的独立性体现在政府审计的审计结果受到法律强制力的保障，一旦发现被审计单位有违法违规的行为，可以无条件命令其整改甚至实施处罚。

最后，因为内部审计与政府审计性质不同，内部审计作为内部职能部门

能够更及时地跟进了解单位的经济活动运营全过程，从而可以获取更全面、更丰富的审计资料，而政府审计的审查范围并不能像内部审计一样凭借其独特的内部优势做到面面俱到。也正是因为政府审计与内部审计在审计职能、审计效果等方面存在差异，故政府审计与内部审计应该是相互协作而非相互替代的。

二、政府审计和内部审计的协同路径探究

（一）完善制度规定，鼓励相互协作和借鉴

总体上来说，借鉴其他审计成果进行更加全方位的审计，会随着我国审计制度的发展，实现更好的完善与利用，而对政府审计成果进行借鉴的相关规定，有利于内部审计的完善发展。由于可以互相借鉴彼此优秀审计成果，审计成本就可以得到节约，在优化政府审计资源投入的同时，也可以提高内部审计的质量。

（二）加强不同审计主体部门间的交流合作

我国是以公有制经济为主体的经济体制，国有资金在经济市场上的营运举足轻重，而我国国有资金的分配调度和营运使用由财政部进行调控管理。因此，财政部门与政府审计机关有效结合必然有利于政府审计和内部审计之间的协作联动。而各审计主体都有相应的主管和监管部门，所以不妨以这些主管和监管部门作为桥梁，加强审计主体之间的联系与协作，相互交流彼此有效的审计成果和丰富的审计经验，提高审计效率，增强审计效果，使政府审计和内部审计既能发挥各自的作用，又能互为借鉴共同进步。

（三）建立审计主体间的沟通，共享数据

在科学技术迅速发展的信息化时代，"互联网+"已然成为了国家治理战略中至关重要的环节。因此，如果政府审计能够在建设国家级的审计信息库中充分利用大数据，发挥大数据审计的作用，获得包括企业或机构所拥有的行业数据及交易与账户信息等在内的特定主体的数据支持，政府审计将会获得极大的优势，审计效率也会获得极大的提升。

如果可以充分利用开放的大数据环境，进一步完善信息系统审计体系，将审计技术方法与审计模式信息化，建设信息化审计平台，那么企业不仅可以运用信息系统审计进行内部审计工作，还能加强企业内部审计信息系统与政府审计信息系统之间的良好交互与协同，更有利于内部审计在大数据的环境下更好地发挥作用。

第二篇
实践篇

第四章　内部审计与企业管理效能的提升

第一节　内部审计促进企业内部控制建设

目前，国内外市场的不稳定性发展逐渐增强，企业内部的控制建设作用越来越明显。企业内部管理运营的根本和重要基础是企业内部的控制建设，它不仅影响企业的自身生存和自身发展，还影响宏观市场的稳定发展。

现代企业管理运行中不可或缺的监督体系是企业内部审计，内部审计在企业内部控制建设中的主要作用是监督评价，内部审计也存在于内部控制活动的方方面面，并且，在现代企业管理中，内部审计处于十分重要的位置。因此，企业应该高度重视内部审计的积极作用，不断强化风险管控意识和监督管理意识，充分发挥内部审计的作用，进一步完善企业内部控制体系。

一、强化内部控制环境

目前，大部分企业的内部控制环境建设都忽略了内部审计的重要性，导致企业内部缺乏规范、完善的内部审计机制，也使企业内部控制效力低下。所以，企业首先应该做的是根据自身的发展制度和体系，不断完善企业内部的审计制度和控制体系，强化企业内部控制环境。

在建设内部控制环境的过程中，企业应该重视内部审计制度建设，根据实际情况制定合理的内部审计制度，严格根据审计制度执行审计工作。除此之外，企业还应该加强对内部控制活动的监督、管理以及评价，及时发现问题和解决问题，形成完善、规范的内部控制体系。

二、科学转变内部审计方式

完善企业内部的审计体系需要合理、科学的审计方式和程序，只有这样才能最大限度地发挥出内部审计对企业内部控制建设的作用，完善企业内部控制体系。

第一，企业应该提升内部审计程序的信息化程度，强化企业内部审计信息化的建设，充分发挥审计部门的作用。除此之外，企业还应该加大建设资金的投入，联通企业的业务平台和内部审计信息平台，提高企业内部审计的质量和效率，充分发挥企业内部审计的咨询服务作用。

第二，为了保证企业内部控制的有效运行，企业可以通过构建技术框架形成高信息化程度的审计平台，突破传统审计方式，形成有效的监督、管理体系，使审计方法变得更科学合理，保障企业内部审计的全面性、连贯性和实时性。

第三，作为新时代的审计部门，应该紧跟时代的发展趋势，形成当下普遍使用的信息化操作方式，增加企业对内部审计信息系统的重视度，进而保障内部控制体系的规范、有效运行。

在内部控制建设中，企业的内部审计一直处于重要位置，所以，企业应该根据实际情况和管理要求，制定不同的审计策略，通过科学合理的审计方法，不断提升企业的内部审计质量和水平，进而完善企业的内部控制体系，并充分发挥内部控制体系的有效作用。

第二节　内部审计助力企业经营发展

企业在改革发展的过程中，不但需要根据企业外部的发展形势制定科学合理的分析研究方案，还需要全面提高综合管理水平，灵活调动企业的内部资源，实现企业资源的最大化利用，让企业内部资源发挥更大的价值。在企业经营管理工作中，内部审计属于非常重要的一项工作，当前，内部审计工作在很多方面都存在问题，需要企业加快优化、完善内部审计体系的步伐。对企业来说，建立完善的内部审计体系可以增加企业的社会价值和现实意义。

一、提高内部审计工作的受重视程度

在企业的内部控制机制中，内部审计工作属于重要的组成部分，应该和企业的发展战略保持一致，并根据实际情况实行全面审计机制，发挥内部审计的作用。因此，企业应该加强理念宣传和行动贯彻，提高企业管理者对内部审计工作的重视程度。不断完善企业内部的审计管理制度，加强学习和研究相关政策，引导企业成员重视内部审计，充分了解内部审计工作的基本目标、工作流程以及要求等，将每一个部门的权责都细化，把企业内部的审计工作落到实处，保证内部审计工作的有序进行。除此之外，企业还应该加强管理者的风险防范意识，引导管理人员及时排查企业发展可能存在的风险和隐患，由此更加清晰地引导专项审计工作以及全面审计工作等有效开展。

二、加强内部审计队伍素养的提升

一方面，企业内部审计人员在开展内部审计工作时，需要严格按照要求执行审计要求，做到规范行事，同时要不断创新审计技术和方法，提高企业内部审计的效果。另一方面，企业应该加强审计队伍的建设，培养一批高素

质的专业人才，强化其职业素质和专业技能培训，全面提高审计人员的综合能力；给予让审计人员以充分的独立性，通过内部审计对生产经营过程进行专项研究和分析，促进部门之间的合作交流，强化内部审计技术和方法，提高企业防范意识，及时排查风险和挖掘问题，将不利于企业发展的因素都清查干净，并运用有效的方法整改。

除此之外，企业还应该加强内部考核，完善考核制度，特别需要严格考核关键职位和关键工作环节，对内部人员进行动态考核，避免相关人员因为利益关系等因素影响审计结果。当然，企业还应该形成专业的审计部门，保障审计工作的有效进行，并不断提高企业内部审计的专业化水平。

三、加强动态审计，强化结果应用

企业应该根据内部审计工作的具体情况开展全方位审计，以此改变单一化审计的局限性。另外，企业还应该将企业内部审计做有效分类，根据不同的岗位要求制定不同的审计监督机制，明确各部门的重点审计工作，有效开展审计工作。同时，企业还应该加强内部审计和外部审计的合作，形成全面的审计格局。

与此同时，企业应该根据具体问题开展全面排查、监督和整改，及时追踪审计问题的改正情况，保障企业按照要求进行生产经营。在检验审计结果的过程中，企业应该建立完善的激励和惩戒制度，反思不规范行为，集思广益，提升企业审计效能。在全体员工的共同探索下，结合市场发展形势和政策变化，围绕企业内部的生产经营情况共同完善企业的发展战略，探索企业多元化的管理方式和技术应用方式，全面提高企业内部的综合审计水平。

总而言之，企业开展内部审计工作需要结合市场的发展形势和内部的组织发展战略，不断完善内部的管理制度，加强审计监督、创新模式和应用审计结果等，全面提升企业的审计效能，促进企业健康、可持续发展。

第三节　内部审计助推企业经济效益提升

内部审计的经济效益审计是提高企业的经济效益的关键策略。经济效益审计是社会经济发展对企业审计工作提出的要求，属于审计发展的新阶段，也是加强内部审计监督、提高内部审计建设服务水平的标志。目前，内部审计工作的发展趋势是加大对企业经济效益审计的探索和研究力度，促进企业经济效益的提升。

一、内部审计中经济效益审计对企业的作用

经济效益受经济活动的直接影响，在企业生产经营的过程中，经营活动的审计工作始终贯穿其中。经营活动审计的主要内容是比较和评价经济活动中相关指标的先进水平、定额等。

首先是采购业务审计。该业务审计的主要内容是审查企业制定的采购计划是否合理、采购计划的实行情况以及采购方式是否正确合理、批量采购是否科学、采购成本水平以及采购费用是否适当等。

其次是存储业务审计。该业务审计的主要内容是审查企业制定的储备定额是否科学、储备计划的完成度、储备资源的利用程度、仓库管理制度是否完善以及物资材料的保证程度等。

再次是生产业务审计。该业务审计的主要内容是审查企业制定的生产计划是否科学、生产能力和生产目标是否平衡、组织生产过程、产品的质量水平和管理水平以及生产成本的高低等。

最后是销售业务审计。该业务审计的主要内容是审查企业制定的销售计划是否合理、销售方式是否合理、销售成本的高低以及销售收入水平等。

二、内部审计助推企业经济效益提升的策略与要求

第一，企业在注重传统财务收支审计的同时，应该履行相应的经济业务审计要求，实现内部审计工作的顺利开展。

第二，在合理合法的基础上，内部审计通过评价和分析企业的利润情况，提高企业经济效益提升。企业内部审计人员应该充分了解企业的产品业务流程，根据具体运作流程分析影响企业利润的各项因素，找到关键影响因素，对此进行分析，提出有建设性的意见，提高实现企业经济效益提升的目的。

第三，当了解和分析了企业的生产经营活动之后，审计人员应该分析企业内部控制制度的情况，分析企业生产经营中可能存在的风险，然后根据具体问题提出有效的整改措施和规避办法。

第四，审计人员需要熟知相关的法律法规和国家经济管理政策，帮助企业争取国家的政策支持。

第五，结合互联网信息技术平台，利用信息技术开展审计工作，不断革新内部审计的手段、方法和形式。

第六，把常规化的事后审计变为事前审计和事中审计，不断完善企业的内部审计工作，促进企业健康、可持续发展。

第五章　内部审计与企业风险管理的协调整合

第一节　全面风险管理概述

全面风险管理，是指企业围绕总体经营目标，通过在企业管理的各个环节和经营过程中执行风险管理的基本流程，培育良好的风险管理文化，建立健全全面风险管理体系。其基本原理是以企业价值最大化、股东财富最大化为目标，将企业整体的经营管理活动作为研究对象，综合分析企业可能会面临的所有风险，通过风险识别、风险评估、风险应对等措施，及时有效地预防风险。

一、全面风险管理的目标

全面风险管理目标主要有战略目标、经营目标、报告目标和合规性目标。

战略目标是与企业使命相关联并支撑着企业的使命，是企业最高层次的目标，战略目标是对经营目标的长远考虑，而且对其他目标都具有指导作用。经营目标是指有效和高效率地利用企业资源，覆盖企业的业绩指标及盈利指标，与企业经营效率密切相关。报告目标在于对内对外传递有用的信息，保证企业对内报告及对外报告的可靠性。合规性目标是指确保企业经营符合法律及法规的要求。

二、全面风险管理的要素

全面风险管理的要素包括内部环境、目标设定、事项识别、风险应对、控制活动、信息与沟通及监督。

（一）内部环境

内部环境是企业生存发展的基础及动力，同时为其他要素提供结构。内部环境的好坏直接影响内部风险管理效果的好坏。无效的内部环境会使企业财务管理体系失效，造成财务损失；会使企业经营过程缺乏管理，导致经营失败；会使企业市场占有率降低，导致效益损失。可以说，内部环境对企业持续发展发挥着重要作用。全面风险管理的内部环境包括董事会和经理层的风险理念、企业可容忍的风险、企业员工的诚信及价值观念、企业员工的专业胜任能力、部门权利的划分及牵制等方面。

（二）目标设定

目标设定是根据企业的目标及使命，制定的企业战略目标，在具体实施过程中，层层分解企业战略目标。企业只有设定合理有效的目标，才能使后续进行的全面风险管理的具体事项识别、风险评估要素充分发挥作用。目标设定不仅需要考虑如何实现企业使命，而且还需要考虑目标设定与企业的风险容量相互匹配。具体来说，目标设定是在企业战略目标、经营目标、报告目标及合规目标的基础上进行细化，建立次级目标体系，次级目标体系贯穿于企业经营管理的始终。完善的目标设定能使企业主体、董事会、经理层、业务单元都明确自身的肩负目标，以期为实现企业战略目标共同努力。

（三）事项识别

事项识别是企业董事会和经理层对影响战略目标的潜在事项的识别。只有识别潜在风险，才能规划应对方式。潜在事项具有发生与否未知、发生时间未知及影响范围未知等特点。影响全面风险管理的潜在事项因素包括外部因素及内部因素，外部因素包括经济因素、科技因素等，内部因素包括人员因素、流程因素等。事项识别技术多种多样，因企业不同而选择各异，包括建立事项目录、内部分析等方式来识别潜在事项。董事会和经理层应当立足于自身风险管理理念的基础上，选择符合自身的事项识别技术手段。

（四）风险应对

全面风险管理的风险应对工作是在风险评估的基础上开展的，企业选择的风险应对手段包括风险接受、风险规避、风险分担及风险降低，企业董事会通过选择风险应对措施使剩余风险在企业可接受范围内。就企业风险应对措施而言，由于不同的风险应对措施可能会导致风险的叠加或降低，就需要企业综合考虑各业务部门的具体风险应对措施，确定各种风险应对措施实施后的剩余风险都在企业可接受范围内。

（五）控制活动

控制活动是企业通过制定全面风险管理政策，确保风险应对措施的有效实施。控制活动贯穿于企业经营管理活动的始终，所有部门和职能机构都参与其中。企业的控制活动主要有董事会和经理层的重新审核、业绩指标及职权分离等内容。而影响企业控制活动的因素包括企业的目标、企业所处的环境及企业规模复杂程度等。

（六）信息与沟通

信息是指企业财务信息和经营管理信息，这些信息对企业治理是至关重要的。沟通是传递信息的途径，是企业处理责任和沟通事项的重要方式。全面风险管理的信息为企业风险管理及决策提供保障，信息来源于企业外部及内部的各种有效的相关信息，相关信息包括财务信息及非财务信息，有效信息包括及时性、可依赖的信息质量等。另外，全面风险管理的沟通方式应与企业具体情况相适应，包括制度规章手册、电子邮件，通过有效的沟通，使企业内外部的相关利益者及时获取信息。

（七）监督

全面风险管理的监督是对企业风险管理执行质量的持续性评价的重要方式。通过对企业进行持续性的风险监督，可以及时发现风险管理体系的缺陷和不足。而监督存在的原因包括风险应对措施失效、控制活动失效或不再执行、企业目标的改变等。就监督种类来说，有持续性监督和个别事项监督两种。

第二节　风险管理审计的内涵与内容

一、风险管理审计的内涵

风险管理审计是内部审计人员实施的必要审计程序，通过对风险识别过程进行审查与评价，重点关注组织面临的内部、外部风险，确定企业风险是否已得到充分、适当的识别。

就企业来说，风险管理审计是指企业内部审计部门采用一种系统化、规范化的方法来进行以测试风险管理信息系统、各业务循环以及相关部门的风险识别、分析、评价、管理及处理等为基础的一系列审核活动，对企业的风险管理、控制及监督过程进行评价，进而提高企业过程效率，帮助企业实现目标。

内部审计人员在对企业的内部控制充分了解和评价的基础上，运用一定的审计手段，分析、判断企业的风险所在及其程度深浅，针对不同风险因素状况、程度采取相应的审计策略，加强对高风险点的实质性测试，将内部审计的剩余风险降低到可接受水平。

风险管理审计是企业风险管理的最后一道防线。在风险管理审计中，企业内部审计以增加企业价值为使命，对企业的可持续发展发挥重要作用。

二、风险管理审计的内容

内部审计实施风险管理审计内容主要有审计企业内部环境、审计目标设定的合理性、审计风险事件识别的充分性、审计风险评估的合理性。

（一）审计企业内部环境

1. 审计董事会和经理层的职能作用

企业董事会是内部环境的重要组成部分，对其他内部环境要素有重要的影响。企业经理层也是内部环境的一部分，其职责是建立企业风险管理理念，确定企业的风险偏好，营造企业的风险文化并将企业的风险管理和相关的初步行动结合起来。

对于董事会及其专业委员会和经理层，内部审计人员在进行风险管理审计时需要确认：企业的董事会及其领导的专业委员会的结构与职能的合理性；董事会的独立性及专业能力；专业委员会能否发挥应有的职能，是否存在权责划分不清和相互扯皮的现象；董事的知识及经验，对风险的敏感程度；董事与有关方的联系情况；董事的道德观念等问题。一个有效的董事会及下属的专业委员会，能代表全体股东的利益监督经理层。

因此，在确认内部环境时，董事会及下属的专业委员会扮演不能替代的重要角色。董事会的职务是做出企业的重大决策、确立经理层的目标，以及监督经理层的工作。需要董事会全体决议的事项，一般包括牵涉主要股东或董事与企业有利益冲突的任何事项，如重大的资产买卖、投资、运作、财务政策、风险管理政策及重要的人力资源事宜。董事会及下属的专业委员会独立于经理层，对经理层进行经常性的监督。内部审计人员应确认董事会和经理层是否各司其职、各尽其能。

2. 审计经理层的观念与战略的一致性

经理层的观念、知识结构和经历对实现企业战略的影响是至关重要的，主要包括经理层的观念，特别是总经理的观念；经理层的知识结构与管理企业的适应程度；经理层的经历、经验、学习能力、创新能力和事业心；经理层或总经理的决策风格和冒险行为等。内部审计人员必须判断经理层观念是否与企业战略目标相适应，经理层的观念会不会导致企业战略难以实施，丧失发展的机会，影响企业的效率和业绩，丧失企业的竞争优势。经理层的知识结构以及经历、经验和学习能力，对企业的环境和市场的洞察力和敏感力产生重大影响，对企业的内部管理控制系统的各个方面的运行情况和发展态势的判断、管理体系变革的时机，创新体制和创新体系的形成及变革的步骤和方法，企业业绩的发展趋向的判断等都产生重大影响。

3. 审计董事会和经理层的风险偏好与企业战略的一致性

董事会和经理层的风险偏好与企业的战略直接相关。在制定战略时，董事会和经理层应考虑将该战略的既定收益与企业的风险偏好结合起来。董事会和经理层的风险偏好对管理冒险行为产生直接的影响。在风险管理审计判断中，对董事会和经理层风险偏好的判断是相当重要的方面，也是比较困难的方面。它关系到对企业面临的营销风险、财务风险、控制风险、信息风险程度的判断，对企业风险管理战略方针、风险管理策略、方法合理性的判断。

内部审计人员需要运用多方面知识和经验，从企业环境、利益相关者的要求、企业目标、企业文化、董事会和经理层的专业与经验、嗜好、社会背景、心理特质等方面测试其风险偏好，判断企业董事会和经理层是否选择了与企业风险偏好相一致的战略。

（二）审计目标设定的合理性

企业董事会和经理层决定企业的发展目标、战略、商业模式以及实施战略的经营流程，与企业的供应商、员工、投资者、客户及竞争者共同促进战略的实施。除了决定这些外，企业董事会和经理层还应决定了为实现其企业战略目标愿意接受多大的风险。对于某些企业而言，因为有较高的预期收益，董事会和经理层愿意承担相当大的风险；对于另外一些企业，董事会和经理层则不愿意承担过多风险。这种对风险的态度可称为"风险偏好"。战略和经营计划中隐含的企业整体风险为风险管理其他要素的运行提供了一个总体框架。这些目标及风险偏好为企业风险管理提供了总体标准。

内部审计人员要系统地将企业战略、商业模式与对其构成威胁的风险联系起来，审计企业的战略目标、经营目标、财务目标、各个部门的目标的合理性。

(三)审计风险事件识别的充分性

内部审计人员针对企业现有内外环境（企业生命周期、战略目标等）与经营过程，采用各种分析方法独立地推测企业潜在的所有重大风险，为审计企业是否合理制定风险管理策略与决定风险方案提供充分根据。风险事件的识别就是要将比可容忍的风险更加严重的次要风险从主要风险中分离出来，并提供数据帮助风险的评价和处理。

(四)审计风险评估的合理性

经过风险事件的识别后，内部审计人员必须对风险事件定量值（货币损失或事件发生可能性带来的负面影响程度）以及给定量值时不利事件发生的概率予以计量，为确定风险管理战略、政策与程序提供更为科学的依据。对过去风险战略决策、政策、程序通过与实际业务结合的审计，可以检查其设计是否合理适当、执行是否有效，尤其是要找出需要修正和完善的地方；对实行风险预警机制的企业，经过风险评估后，能进行合适的预警；对已经变成现实的风险，需要对风险的处理进行审计，找出原因，明确责任。

第三节 风险管理审计的一般程序

一、审计计划阶段

(一)了解情况

在审计的计划阶段，由内部审计部门和内部审计人员进行审前调查。了解被审计单位的概况、管理体制、人员构成等内容，具体了解被审计单位的企业治理、战略规划、企业文化、投资管理、工程管理、物资管理、资本运营、法律事务、财务管理、产权管理、安全管理等方面的内容。通过与被审计单位的董事会和经理层及员工座谈，全面了解被审计单位的风险管理情况。必要时，内部审计人员可以深入到一线去了解企业的业务流程及风险管理情况，为制定风险管理的审计方案奠定基础。

（二）风险评估

进行风险评估是指内部审计部门在审计计划阶段，对影响企业实现目标的潜在风险事项的程度的评估。内部审计部门对风险事项的评估，通常采用定性和定量的方法。

风险评估的定性方法包括访谈、集体讨论、发放调查问卷、过去风险事件总结和分析、风险汇总表等。

风险评估的定量方法包括概率计算、情景分析、压力测试、敏感性分析、事件树分析等。

风险评估也可以采用定性和定量相结合的方法。不要求进行定量化的风险评估通常采用定性的评估技术。如果存在充分的信息以应用间隔或比率计量的形式来估计风险的可能性或影响时，就可以采用定量技术。

（三）确定领域

确定审计领域是指内部审计部门和内部审计人员根据被审计单位的风险评估情况确定风险管理审计对象、活动、单位的活动。一般情况下，按照重要性原则，内部审计部门和内部审计人员应该关注风险程度较高、对企业战略目标事项影响大的业务活动。重要审计领域包括对业绩有重要影响的事项、存在潜在风险的事项、董事会和经理层关心的风险领域、亏损的交易，以前发现与正在改善的有关交易与事项、新增业务及新技术有关的风险事项、管理部门之间交叉或不易发觉的事项、上次审计中未列作审计对象的事项、突发事件，企业战略、经营、财务和综合风险管理领域、企业整体层面风险管理领域等。

（四）编制方案

内部审计部门和内部审计人员应编制风险管理审计方案，就风险管理审计的组织方式、时间进度、资源分配、审计证据取证安排、审计质量保证措施等给出清晰的、可操作的具体安排。一般来讲，较全面的企业风险管理审计方案应当包括的主要内容有：审计目标、审计领域、审计要点、审计准则以及其他参照指标、审计程序及其包含的内容、审计调查与测试取证安排、审计负责人及其责任、确定审计所需信息和资料、主要审计方法和技术的选用（包括控制测试和实质性测试方法）、审计时间预算和进度、审计资源需求、审计组织与审计质量保障措施、审计团队的组成、对被审目标的配合要求、审计报告要点框架等。风险管理审计方案可以规范化和表格化，并分发给承办该审计项目的所有内部审计人员。

二、审计实施阶段

（一）审计风险管理机制

企业应具有有效的风险管理机制，才能充分发挥风险管理的职能作用。审计全面风险管理机制是否有效，是进行风险管理审计的基础。内部审计部门作为风险管理审计的职能部门，在审计企业风险管理时，首先应该审计企业风险管理机制是否建立，确定企业的风险管理机制在风险管理中是否有效；审计企业是否建立了明确的风险管理组织架构、明确的风险管理流程、明确的风险管理目标、明确的岗位责任制以及其各个层级的职责是否清晰、风险管理体系是否形成有机整体，并且考虑风险管理中的各部门协调效应程度。

（二）审计风险识别机制

风险识别是内部审计部门和内部审计人员根据企业的战略目标、年度目标等识别企业所面临的各种风险。内部审计人员通过一整套系统化、理论化的识别方法，来识别企业在经营管理中的风险管理过程。内部审计人员应当实施必要的审计程序，对风险识别过程进行确认，重点关注企业面临的内部、外部风险是否已充分、适当地审计和确认。

（三）审计风险管理评价标准

根据风险管理对象的不同，审计企业是否建立了相应的风险管理评价标准，如财务风险评价标准、环境风险评价标准、内控风险评价标准、安全风险评价标准、市场风险评价标准、物资与采购风险评价标准等。在审计企业风险管理评价标准时，应该考虑该风险管理评价标准是否满足业务风险管理的要求、风险识别的要求、环境变化的需要等内容,企业是否对不同层次的风险建立了相应的临界点指标,根据风险指标和临界点指标建立起对企业风险管理的预警指标体系。

三、审计报告阶段

(一)整理审计发现

审计发现是风险管理审计报告撰写的基本素材,内部审计人员在此阶段需要整理审计发现,描述审计发现,做好撰写审计报告的基本准备工作。

整理审计发现的要求有:描述被审计单位的经验现状,描述被审计单位遵守风险管理标准的情况,用简洁、直接的语言描述被审计单位存在的问题及原因,描述发现的重要问题的潜在影响,描述风险评估的结果,提出可操作的建议。

(二)撰写审计报告

撰写的审计报告应包括标题、收件人、正文、附件、签章、报告日期等基本要素,这些基本要素能够帮助内部审计人员更好地通报风险管理审计的结果。

审计报告的正文主要包括以下内容:立项依据;背景介绍;审计目标与范围;对本次审计目标、内容的陈述;对受限项目的单独说明;对审计中发现的重点问题做出的简短叙述及评论;审计标准;审计依据;审计发现与风险之间的联系;审计结论;审计建议等。

撰写的审计报告要注意根据已查明的事实确认企业整体风险管理体系的运行效果,确认每一项风险应对策略的科学性、合理性和落实效果,将其如实记录在审计报告中。

四、后续审计阶段

风险因素是决定后续审计本质和范围的重要因素,风险越大,后续审计的范围越广。后续审计应该将注意力集中于最严重的或者潜在的风险管理问题上,对一般风险事项的后续审计可仅限于询问或简短的讨论。后续审计的重点应是因控制目标未能实现而产生的风险和影响,而不是如何改进审计报告中提到的具体建议。因此,控制目的的实现和风险评估是后续审计的重要内容。后续审计跟踪应该将重点放在对重大审计的发现上,企业有关部门和问题环节是否予以纠正;若不纠正,应确认责任归属和原因所在。

第四节 风险管理审计的实践案例分析

本节以美国沃尔玛公司风险管理为例,探讨风险管理审计的实践。沃尔玛是美国一家大型百货公司。它信奉"内部审计人员的员工使沃尔玛与众不同"的理念,1996年沃尔玛公司进入中国,在全世界有几十家分支机构,管理着上千个超级市场。沃尔玛公司率先在全世界推行旨在提高客户的价值服务水平的SAM消费者会员。沃尔玛公司能取得现在这样的骄人业绩,与其严格、科学的风险管理是分不开的。

一、风险管理的作用

风险管理的使命就是在风险绩效识别、衡量、评价、控制的基础上,通过对风险事件的预测和备选方案的优化,来确保企业目标的实现。要达到此目标,内部审计人员需要对企业的经营循环和模型有所了解。

对沃尔玛公司这样的商业公司来讲,在其核心的经营循环阶段:从战略计划、人员招聘、商品采购、商品运输,到商品销售、经营运作、综合信息处理和非商品采购等环节均有可能出现风险点,需要风险管理者进行认真分析和研究。

沃尔玛公司的风险管理由风险管理委员会负责,将日常的风险监控与风险战略规划有机地结合起来,并着眼于未来。在风险分析方面,沃尔玛公司采取与传统方式不同的形式,更加侧重于对风险事件之间的联系、跨部门之间的协作和信息的共享。

二、风险管理的过程

沃尔玛公司风险管理包括风险识别、风险消除、行动计划、绩效评估和股东价值五个方面。

（一）风险识别

风险识别是建立在企业的战略基础上。沃尔玛公司的战略理念是要成为市场的领导者；在股东价值最大化的同时成为质优价廉的商品和服务的提供者；坚奉三个信条——尊重个人价值、服务于客户、追求卓越。沃尔玛公司的目标是不断拓展商业机会，建立完善的营销网络，改进客户服务水平，维持和扩大分销同盟，并对分销同盟绩效培训。基于此，沃尔玛公司确定了自己的风险框架，将风险分为战略、运营、财务和道德四个方面。

第一，在战略方面，重点在成长战略、资本成本、收益率、市场份额、品牌形象方面。

第二，运营方面，重点在商品采购与分销、人力资源、仓储运输等方面。

第三，财务方面，重点在投资、商品、利率和汇率等方面。

第四，道德方面，重点在非法行为、欺诈、行贿受贿方面。

每次风险识别时，沃尔玛公司会组成跨部门的专家小组，进行全面调查，然后由风险管理委员会对数据进行汇总分析，形成数据报告分发给专门小组成员，由小组成员进行具体的风险识别研讨。

由于小组成员是来自不同部门的，大家可以从各自的角度对风险数据资料进行理解、综合、分析、讨论和加减，从而按照可能性和影响力对风险事件进行Ⅰ~Ⅳ排队，最后确定予以关注的重大风险点。Ⅰ、Ⅱ类风险属于非重大风险不予关注，而Ⅲ、Ⅳ类风险是需要重点关注的。

沃尔玛面临的最大风险是人力发展、国际增长的管理和网络基础建设，故将其列入"重大发生可能较大的风险事件"（Ⅳ类风险）；尽管发生法律法规违规的可能性比较大，但考虑到沃尔玛是一家百货公司，其对公司的影响力比较小，因此将其列为"不重大的风险事件"（Ⅱ类风险）；对于公司品牌、竞争战略规划和竞争力方面，由于沃尔玛占有绝对优势，其出现风险的可能性较小，但一旦发生风险，对公司的影响是巨大的，因此，将其列为"重大但发生可能较低的风险事件"（Ⅲ类风险）；IT技术的领先、投资管理和国内增长的降低被属于"不重大且发生可能较小的风险事件"（Ⅰ类风险）。

（二）风险消除及行动计划

在确定重点风险领域为人力发展、国际增长管理和网络基础建设后，接下来就是如何制订一个具体消除和化解这些风险的方案。在制订方案前，先选定风险点的负责人和分组，然后对每一分组进行工作分工，明确各自分组的工作职责，最后确定完成的时间和评估标准。

（三）绩效评估

对小组的工作绩效评估汇总应该重点在三个方面：工作的结果、实际完成情况、今后的发展。绩效评估是一个动态过程，它通过监测、评估和报告来实现，最后的评估报告由打分表来反映。通过打分，对小组的工作绩效评价，并纳入其工作考评之中。

（四）股东价值

股东价值指企业股东所拥有的普通股权益的价值。而股东价值的分析是将风险事件与股东的投资收益、股价等进行对比。对沃尔玛公司来说，股东价值的分析就要结合风险事件与分店的经济效益进行分析，然后确定风险对股价和投资的影响程度。一般这种计算需要复杂的过程，由计算机来完成。

综上所述，风险控制与管理是一个操作性极强的工作，需要综合运用各方面的资源共同实现。进入21世纪以来，风险事件的发生往往会波及整个企业的全部部门。有时对于一个简单孤立的事件来说，如果管理不好，很有可能成为一个重大的风险事件。

第六章　政府审计管理的内容范畴分析

第一节　政府审计项目计划管理

一、政府审计项目计划管理的基本内容

审计项目计划管理简称审计计划管理，是审计机关制定审计计划、组织计划实施，并对计划执行情况进行检查、考核的一系列活动。审计项目计划管理是政府审计管理的一个重要环节。

（一）审计工作顺利开展的依据和基础

审计工作具有明确的目标，而且十分复杂，只有制定完善的审计项目计划并严格执行，才能达到预定的目标。审计项目计划的制定要结合实际情况，力求科学合理，明确工作的目标和内容，规定审计工作应遵循的各项原则，这是政府审计工作顺利进行的保证。审计项目计划制定经批准后，审计人员一定要按照计划完成审计任务，并深入了解审计对象和审计目的，根据实际情况采取合适的审计方法。

（二）控制审计成本，提高工作效益

审计工作要尽量节约成本，以最小的代价获得最高的效益，这也是审计工作的目标。由于审计工作的人力、物力等资源有时候并不充足，所以要进行周密的计算，将审计成本控制在合理范围，这也是为了集中资源促进审计更好发展的必由之路。所以，审计人员事先要制定好科学的审计计划并保证实施，这样才能提高审计的工作效益，节约成本。

（三）高效整合审计资源

整合审计资源是指围绕一定的审计工作目标，对审计资源各要素进行整理、组合的过程。其目的是更加充分、有效地发挥审计组织的职能作用。整合包括两个方面的含义：一是提高各构成要素自身的效能；二是搞好各要素之间的科学配比。整合审计资源所追求的目标是在提高各构成要素自身效能的基础上实现最佳结构效益。当前，我国审计工作正面临着一系列复杂的任务，但是审计资源比较匮乏，二者之间的矛盾也愈演愈烈，而管理审计计划是合理分配和利用资源的关键所在。科学合理的审计项目计划可以使资源分配更加合理，使资源的利用率大大提高，也充分发挥了审计的作用。

（四）防范审计风险，提高审计质量

审计工作中最重要的就是审计质量，它关乎审计工作的成败，而从整体上提高审计质量是加强审计管理工作的必然选择。审计计划是审计机关制定的总体规划，项目审计的顺利实施离不开审计计划的指导。审计计划要科学合理地安排，从整体上统筹规划，突出重点，保证项目高质量实施。而保证审计项目质量的前提是要注意防范审计风险。在审计过程中严格监督和把控审计项目计划的每个环节，防止出现失误，对审计项目的整体质量造成严重的影响。在实际工作中，虽然审计风险是无法规避的，但可以通过事先做好规划，严格把控实施环节，将审计风险降到最低，进而提高审计质量。

二、审计项目计划管理的一般原则

（一）科学性

任何计划管理工作都对科学性有要求。在审计计划工作中，项目确立、制定计划、实施、考核等的每一个环节都要求工作人员具备严谨务实的工作作风，采取科学合理的实施方法。如在项目确立阶段，要充分论证项目计划合理性和可实施性；在实施阶段，要严格监督每一个环节；在考核阶段，要做到公正客观。

（二）全面性

计划管理工作涉及诸多方面，各种因素之间有着千丝万缕的联系，对这些因素之间的关系要有清晰的认识。比如审计成本、审计效率和审计质量三者之间的关系，长期目标和年度审计计划的关系等，处理好这些关系才能让审计工作整体质量有保障。

（三）目标性

审计项目计划工作的目标应该是明确的，无论是在计划制定阶段，还是在计划实施阶段，都应该制定相应的目标，并严格贯彻落实。计划完成后，还要参照预定目标对其进行考核，观察其是否达到目标。

（四）审慎性

在执行审计项目计划的过程中，要全面评估审计的重要程度，采取合适的审计方法，严格按照相关流程进行，将审计风险降到最低。与此同时，是否存在审计风险以及风险水平高低也需要做出合理的评估，防止审计工做出现失误，产生新的风险。

（五）可操作性

审计工作是严格按照审计项目计划开展的，所以，要根据实际情况制定审计任务、审计目标，明确相关要求，并结合实际评价实施情况，各项任务和目标必须具备可操作性，保证审计工作顺利执行，减小阻碍。

第二节 政府审计统计管理

一、政府审计统计管理的内容

政府审计统计管理是指对政府审计统计业务工作的管理。其目的是协调审计统计的运作，保证审计统计工作做到准确、及时、全面而又系统地提供内外所需的各种资料。其主要方法是通过制定各种措施和方法，确保各项审计统计任务的完成。政府审计统计管理主要有以下内容：

第一，做好审计统计工作的前提是按照审计项目编制统计台账。审计项目台账是关于审计项目的各种数据，通过查看审计项目台账，审计机关可以直接获得月度、季度和年度的统计表，上级审计部门也可以了解下级审计部门的工作情况。

第二，审计统计报表是单位、地区甚至整个国家审计机关审计工作情况的反映，从中可以了解到审计单位的数量、审计过程中出现的问题、审计处理的结果、审计项目工作量、审计资源利用情况等。将各种统计数据以报表的形式呈现出来，可以帮助有关审计部门更直观清楚地了解审计工作情况，明确审计工作取得的成就和面临的问题。

第三，统计人员也可以将统计报表和审计计划予以对照，了解审计计划是否完成及其完成质量，然后撰写分析报告，这一报告就反映了审计工作质量、成果和问题，为今后的审计工作提供参考和指导意见。

二、政府审计统计的管理实施

（一）设立政府审计统计的相关制度

第一，建立并完善审计统计工作制度，使审计统计工作的各个流程都有规可行、有制度可依。审计统计组织机构和统计工作人员应该与审计业务部门和审计人员加强合作，借助审计公文中的数据资料，编制统计台账，并在此基础上制定审计报表，保证每一项数据都有明确的出处，建立起完善的审计统计档案。

第二，建立并完善审计统计分析报告制度。审计统计分析报告制度的建立能够更好地反映审计项目计划完成的情况及取得的一系列成就，如果审计管理工作中存在一些常见的问题，审计统计分析报告也会有所体现，此外，审计统计分析报告还可以对信息安全进行监督，为审计机关提供信息咨询服务。

第三，建立并完善资料保密制度。国家有明确的规定，审计统计资料对外要严格保密。审计人员需要定期向有关机关汇报审计统计结果，在这一过程中，审核人员要签字并盖章。

第四，建立并完善考核抽查制度。每年要对审计统计工作的质量做考核评估，这项工作由审计机关负责，可以采取不定期抽查的方式，或者召开会议。

（二）加强对政府审计统计人员的工作要求

第一，审计统计人员的专业知识要扎实，掌握审计、统计、计算机等多学科的知识，并具有相关业务操作能力。此外，审计统计人员流动性不能太大，要保持稳定。为了提高审计统计工作人员的专业性，审计机关要定期组织培训活动。

第二，各个审计机关和审计组织应该对审计统计机构及工作人员进行工作上的指导和监督，按照统计制度和相关规定，明确各方职责，并严格贯彻落实，为各项审计统计工作的完成提供必要的支持。

第三，审计机关和审计组织应该考察统计数据的计算和来源，如果发现错误，及时通知审计统计机关和统计人员，要求其核对并修正。与此同时，审计机关和审计人员要确保提供给审计统计人员的资料的准确性和完整性，审计统计人员如果发现相关资料不准确，可以对其做出修改，审计机关和审计人员必须配合。

第四，审计统计资料必须真实准确，审计统计人员不能伪造或篡改，也不能瞒报；相关统计调查报表须经过上级部门的批准才能对外发布，而且个人不能自行编制，审计统计资料要严格保密。

（三）依法实施政府审计统计管理工作

第一，政府审计统计调查计划由审计署制定，并规定了审计统计制度，制定统计指标、标准、统计方法等，并上报给国家统计局。各层级的审计机关和审计组织要严格遵守审计署制定的各项规范，有条不紊地执行审计统计工作。

第二，省级以上的审计机关在获得审计统计管理部门的许可后，可以在当地开展相关审计统计调查，同时向省级统计管理部门汇报。如果与审计署下发的审计统计报表重复，则必须修改。审计机关不能使用私自编制的审计统计调查表，有关单位也不会承认。

第三节 政府审计工作底稿与档案管理

一、政府审计工作底稿

（一）政府审计工作底稿的编制目标

在审计实施过程中，政府审计人员要记录与审计项目有关的重大事项，审计完成后，要记录审计证据、审计结论等，制作完整、准确的审计统计报告，实现以下目标：

第一，说明审计人员有权编制审计执行计划和审计报告；

第二，为审计人员工作的合法性提供证明，说明其按照相关制度要求开展审计工作；

第三，审计工作底稿的内容应有助于指导、监督审计人员的工作，并对其工作结果进行考核。

（二）政府审计工作底稿的具体内容

1. 支持审计执行计划和审计报告

（1）支持审计执行计划的审计工作底稿主要记录如下活动：①考察接受审计的单位及其环节，了解是否存在问题及是否具有潜在风险；②记录审计人员执行审计方案的情况。

（2）审计工作底稿为审计执行计划和审计报告提供支持，主要记录的内容有：①审计项目的名称；②审计的事项；③审计人员信息及工作底稿编写时间；④审核人员信息、审核意见等；⑥附件数量。审计工作底稿是以电子文档形式存在的，结构要遵循相关规范，便于后期查询和使用。

（3）为审计执行计划和审计报告提供支持的工作底稿记录了审计的全过程和结果，主要包括以下内容：①对审计实施的具体步骤和采取的方法进行调查；②审计所需的材料来源；③摘录审计所需的实际内容；④审计结论和制度要求。

2. 记录管理事项的审计工作底稿

对管理事项进行记录的审计工作底稿要包括以下内容：①影响审计人员独立判断的事项以及采取的解决方式；②全面考察外聘人员的专业性和独立性；③被审计单位需要签署承诺书，获得被审计单位的同意，被审计单位要及时反馈意见，同时了解意见是否被采纳；④审查机构要给出审理改进意见；⑤审计组发现的重大审计问题，审定审计报告的过程和结论等；⑥审计人员如果违反了审计相关规范，会对审计结果产生何种影响；⑦外部因素对审计工作产生影响，导致无法正常完成所带来的后果；⑧其他主要事项。以上提到的管理事项与审计项目息息相关，并影响审计结果，是工作底稿中需要重点记录的内容。

二、政府审计档案管理

政府审计档案管理是指政府审计部门建立审计档案并进行收集、整理、立卷、保管、利用、编研、统计、鉴定和移交的管理活动。

（一）审计档案材料的分类管理

第一，项目确立阶段的材料。主要包括审计项目确立意见书、具体执行方案、项目委托书、单位情况调查表、被审计单位情况、上级部门的意见和建议。

第二，相关证明材料。主要包括被审计单位的基本情况、审计承诺书、审计所需的材料、审计工作报告、上级部门处理问题的方法和制度要求等。

第三，记录审计结论的材料。主要包括审计报告、征求审计报告的材料、被审计单位对审计的意见、关于审计项目的审计执行文件、审计报告的会议记录、审计决议等。

第四，其他有待查询的文件。主要包括审计反馈、新闻报道、审计项目总结等。具体来说，可以根据内容细分为：有关财务收支的业务文件、建设工程审计业务材料、审计委托书等；还可以根据档案保管的时间限制细分为：无限期保存、长期保持和短期保存。

（二）审计档案管理机构及人员的职责

为了保证审计档案的有效管理，需要明确审计机关档案管理机构及档案管理人员的工作职责，具体如下：

第一，贯彻执行国家档案工作法律、法规，拟定审计档案工作规章制度。

第二，对本机关各部门审计文件材料的立卷和归档工作进行监督和指导。

第三，按照国家有关规定，做好审计档案的收集、整理、保管、利用、编研和统计工作。

第四，定期对本机关库存审计档案进行鉴定，如期移交应由同级档案馆保管的审计档案。

第五，监督和指导下级审计机关的审计档案工作。

第六，开展审计档案工作的检查、总结、培训、研究等活动。

第七章　政府审计绩效管理与完善研究

第一节　政府审计绩效管理的理论依据

一、公共管理理论

公共管理是以政府为核心的公共部门运用管理学、政治学、经济学、法学、社会学、系统科学等多学科理论与方法，对国家和公共组织进行有效治理的管理活动。与私人管理相比较，公共管理具有五方面特点：一是公共管理以为公众服务、追求公共利益为使命，而私人管理以营利为目的；二是公共管理以政府提供公共物品为特征，区别于私人管理提供私人物品，存在效率意识不强的问题；三是政府运作规模和复杂性等原因导致责任机制扩散并复杂化了公共决策的过程，这就要求公共管理更需要强调责任；四是公共部门雇用和提拔雇员的功绩系统存在着若干种标准，而且往往超出了技术效率观点，因此人事管理系统要复杂和严格得多；五是公共管理在政治环境中运作，具有明显的政治性或公共性特征。基于公共管理这些特征的需要，为了适应公共管理绩效改进要求，形成了相应的公共管理理论。

（一）新公共管理价值取向

在公共领域内，管理与行政是有区别的。一般认为，"管理"的范围比"行政"更加宽泛和具有综合性。"行政"基本上是指服从命令、执行和进行服务，而"管理"则是指取得"结果"以及为取得这些"结果"而承担的责任。新公共管理的目标在于取代传统模式，不只是对公共部门进行改革，它表现为要求公共部门转换机制并改变其与政府和社会的关系。从一定意义上讲，当代西方发达国家行政改革中重新出现的"管理主义"是一种意识形态，代表着新右派、新治理等以市场为基础的治理模式的出现。

1. 市场价值的回归

市场价值赋予了管理主义新的内涵。一般认为，公共选择学派和管理主义思想是当今西方行政改革主导理论的主要来源，公共选择学派关注的焦点是政府与市场和社会三者之间的关系，主张解决政府面临的困境要充分发挥市场的力量，减少政府干预；管理主义思想主张通过引进市场机制完善政府公共组织，关注的重点仍然是政府公共部门内部。尽管公共选择学派和管理主义思想存在一些区别，但是，二者之间具有一个突出的共同点，即尊崇市场的力量、作用和机制。

在政府审计绩效管理研究当中，应当明确几个重要观点：运用新公共管理强调市场价值回归的原理，不能与政党的领导地位相对立。新公共管理中所谓的市场价值也与宏观经济学中政府干预与市场调节的概念不是一回事。事实上，市场价值体现并非只是压缩政府规模和实现政府职能外部市场化，更重要的是两个方面：一方面是市场价值深入到公共组织内部，另一方面是促进建立起包括政府组织内部、政府组织之间、政府组织与私营组织之间良好的竞争和合作关系。

当代西方国家的行政改革并不意味着在政府与市场之间两者必择其一，市场价值的回归并不是抛弃政府而选择市场，相反，对于市场更重要的价值发现在于它可以为解决政府自身的问题提供一条有效途径。比如"政府再造"就是对公共体制和公共组织进行根本性转型，以大幅度提高组织效率、效益、适应性以及创新的能力，并通过变革组织目标、组织激励、责任机制、权力结构以及组织文化来完成这种转型。政府再造旨在把政府塑造成为一种具有创新惯性和质量持续改进的公共组织和公共体制。

2. 管理工具的创新

管理理念和方法发生的重大变革，同样为政府治理带来了与传统行政模式完全不同的、有用的、全新的管理工具。这些工具在新公共管理运动中发挥了巨大的威力。例如，在奥斯本和普拉斯特里克提出的政府再造的核心、结果、控制、顾客、文化战略的五项战略组合中，绝大多数使用了一些新的管理"元工具"，如绩效预算、灵活的绩效框架、竞标、企业化、企业基金、内部企业管理、竞争性公共选择制度、代金券和补偿计划、全面质量管理、企业流程再造、选择退出或特许制度、社区治理结构。这些工具为再造者的工具箱增加了最强大的威力，并成为再造的"主要武器"。

（二）公共部门绩效管理

传统行政模式要求听命于上级，严格照章办事，而管理主义的改革方案更强调责任分解和成果目标。它要求无论是每一个公共部门还是每一个管理者，首先要为管理承担责任，在承担责任的基础上还要体现公共服务的结果。从表面上看，绩效管理与传统行政模式似乎没什么差别，但是在公共部门领导者和管理者比以往任何时候都更加关心对其责任和结果的评价，以及自身管理如何改进的情况下，作为一种新的管理工具，绩效管理已经成为管理主义改革方案的重要内容。绩效管理在政府部门中的作用具体包括以下两个方面：

1. 作为政府再造的工具

政府再造并不是也不应当是对政府的否定和摧毁，而是在一个新的意义上的完善和提高。完善和提高强调的是建设高效和廉洁的政府，高效是正向的绩效改进，廉洁是防止损失和流失的绩效改进。

2. 作为改善公共管理的工具

传统组织与高绩效组织的区别表现在以下方面：

（1）在组织成员方面，传统组织是狭窄的知识技能和个人；高绩效组织由具有多项技能的团队工作人员组成。

（2）在决策系统上，传统组织是集中的、保密的决策系统；而高绩效组织的决策系统是分散的、公开的。

（3）在人力资源管理方面，传统组织实行的是标准化选择，常规培训按工作支付薪金，范围窄的重复性工作人力资源制度；高绩效组织实行实际工作面试，按绩效发工资，持续培训，多项工作和团队自我管理制度。

（4）在组织构造上，传统组织设立功能性部门，建立庞大森严的等级制度；高绩效组织具有灵活的等级制度和自我控制企业。

（5）在价值观和文化层面，传统组织推行促进服从、常规行为；而高绩效组织崇尚促进参与、革新与合作。

二、战略管理理论

"公共部门战略管理是新公共管理运动兴起的成果，它对于公共部门的管理效率和效果产生很大的影响。"[①]

（一）公共部门战略管理的兴起

第一，战略管理开始逐步引入公共管理领域是作为一种管理变革的工具。传统行政模式下，战略问题通常被认为是政治家们所应考虑的问题，公共行政组织一般很少关注自身的战略问题。这就导致了行政组织自身经常处于墨守成规和照章办事的短期行为状态中。但是，自20世纪70年代末以来，公共部门面临的环境越来越具有复杂性和多元性特征。一方面，公共部门面临着更加复杂和不确定的社会环境，如国际竞争力的挑战，来自国内政治、经济、社会方面的种种压力，公众对公共部门日渐挑剔和不断增长的期望和需求等，因此，公共部门需要考虑自身与外部环境的互动，而非仅仅是内部管理问题；另一方面，单个公共部门也面临着公共组织内部环境的复杂性和多样性，随着行政改革中决策权分散以及各个公共部门自身独立性的不断强化，单个公共部门的决策、管理等问题必须考虑来自其他公共部门的竞争、挑战或者相互协作。因此，随着公共部门面临环境的日益开放、多变和复杂，处理公共部门与外界环境相互作用的管理工具日益受到公共部门的普遍重视。

---

① 王喜.公共部门战略管理与工作绩效关系的实证研究[J].兰州学刊，2015（01）：193.

第二，人们对战略管理本质的理解各不相同。战略管理就是指组织管理者在各种宏观与微观、外部与内部的环境中确立自身制度的一种形式。战略管理的重点在于对组织总目标、自身的优势和劣势以及面临的来自外部的威胁和机遇进行评估，并在此基础上围绕目标，制定长期的计划和配置各种力量的行动方案以达到最佳的活动。

第三，战略管理的共同特征是它与组织目标、结果、变革、环境、责任等概念紧密联系。战略管理能够为组织领导人应对环境挑战、实施变革、实现组织目标、衡量责任以及取得最终结果提供有效的整合途径。

（二）战略化政府审计绩效管理的内容

1. 战略化政府审计绩效管理的愿景和使命理论

战略化政府审计绩效管理基于这样一个广泛认同的观点，即实施绩效管理的组织应当拥有其自身的愿景和使命。

愿景通常用来表示组织未来发展蓝图和预期目标。建立共同愿景就是为组织成员提供试图创造的未来的文字图像，即组织成员对组织所要完成使命形成的集体印象。它可以成为帮助组织构筑新的心智模式的有效工具之一。愿景的内涵包括使命、基本的哲学和核心价值、目标、基本战略、绩效标准，即重要的决策价值、组织成员所期望的伦理道德标准。愿景的作用表现在通过对组织可预见到的未来取得成功的憧憬，为组织提供未来发展的方向，增强机构领导人的必胜信心，并将这种信心传递给自己的下属员工。

使命是一个组织的特征、身份和存在的理由，使命可以划分为四个相互关联的部分，即目标（组织存在的原因）、战略（竞争地位和专有能力）、价值（组织的信仰）、行为标准（构成组织的专有能力以及以价值体系为基础的政策和行为模式）。使命的共同目的是为组织提供一个方向并作为行为基础，同时促进某种特定的价值观并作为一种行动指南。

愿景与使命的关系是愿景通常用来描述相对比较长远的未来状况，使命更加关注当前的状况。

2. 战略化政府审计绩效管理的模型构建

（1）基于战略框架的绩效管理模型的关键点

第一，管理人员无论处于哪个层级都要有一个来源于组织使命并表述清晰的目标体系，目标不能含糊其词。

第二，为了能够评估、控制绩效，以及与潜在的、内部和外部的组织标杆进行比较，特定目标的重点不能是组织采取的简单行动，应当放在产出和结果上。

第三，建立目标体系的根据是具体的指标以及可测量的指标。

第四，每一个人都应当知道自己的期望，并对富有成效而且可以进一步拓展的结果负责。

第五，需要开发既包括"硬件"也包括"软件"的系统，前者如管理信息系统，后者如组织文化的支持系统。

其中，"目的""目标""使命"三者建立在互相紧密联系的关系之上。目的一般围绕具体项目的结果来陈述。它一般应确定机构的优先排序，机构未来行动的明确方向，机构的工作所带来的影响和结果，为下一步的目标确立提供良好的基础。好的目的陈述应该具备两条标准：一是清晰而不含糊；二是围绕结果而不是产出或过程。目的与使命、目标的关系是当使命和愿景确立之后，接下来的工作就是确定组织的"目的"。"目的"是介于"使命"和"目标"之间的一级概念，陈述的内容比"使命"更加具体，但比"目标"略为宽泛。

（2）基于战略框架的绩效管理模型的特点

第一，系统性强，层次清晰，有较强的可操作性。

第二，以建立"结果导向"，提供公共服务的体系为目的。

第三，强调绩效测量以落实责任和持续改进。

第四，通过模型整合、提高组织各层面以及各领域的绩效，并保持组织各层面以及各领域之间的绩效协调一致。

政府审计绩效管理运用战略管理方法，可以为政府审计绩效管理的实施提供有益的框架，使政府审计绩效管理不再仅仅是作为微观、局部和单纯技术领域的工具，真正发挥改进政府审计绩效管理的功效。

第二节　政府审计绩效管理的主要模式

一、目标管理模式

"目标管理是一种现代管理方法，是企业在经济运行中常用的业绩考核基础，实施目标管理可以有效促进企业的经营治理，加强企业团队建设，激发和调动员工的工作积极性。"①

（一）目标管理模式的基本原理

第一，目标管理和自我控制被称为管理哲学是合理的。这种合理性主要表现为四个方面：①组织需要的管理原则是能让个人充分发挥特长，凝聚共同的愿景和一致的努力方向，建立团队合作，调和个人目标和共同福祉。目标管理和自我控制能以更严格、更精确和更有效的内部控制取代外部控制，让追求共同福祉成为每位管理者的目标。②管理者的工作动机不再是因为别人命令或说服，而是因为管理者的任务本身必须达到这样的目标。管理者不再只是听命行事，而是由自己决定。③目标管理与自我控制是基于有关管理工作的概念，以及针对管理者的特殊需要和面临的障碍所做的分析，与有关人类行为和动机的概念相关。④目标管理和自我控制适用于不同层次和职能的每一位管理者。

第二，目标管理的主要贡献在于能够以自我控制的管理方式来取代强制式管理方式。自我控制意味着要有强烈的工作动机，想要有最好的表现，而不止是达标而已，因此会制定更高的绩效目标和更宏伟的愿景。虽然团队有了目标管理不一定就会同心协力方向一致，但是如果要通过自我控制来管

---

① 蔡建峰. 目标管理在企业管理中的应用 [J]. 现代商业，2022（09）：134.

理，势必推行目标管理。

第三，在审计工作中，判断的关键性更为明显。判断的前提是目标，如果目标没有确立，判断就无法进行。恰当的目标应满足三个要求：①目标是实现使命的行为承诺，也是衡量绩效的标准，代表了组织最根本的战略。因此，首先应当确定政府审计在长期、短期和年度进入的领域，提出实现任务的纲领性指南。②专注是组织的基本法则，而且资源总是有限的，特别是相对绩效管理而言，即使有再多的资源也要考虑成本效益原则。如果政府审计同时做太多的事情，到头来可能会是一事无成，这就决定了必须将有限的资源集中在确定的领域。③在选择的领域树立目标并衡量绩效，但是应当注意目标与组织的生存与发展紧密相连，任何单一目标都会误导组织的发展。政府审计应当重视若干个重要方面的发展，并且将它们与组织目标建立关联。

第四，对政府审计绩效管理需要投注大量心力和特殊工具，目标管理也提出了相应的要求。

政府审计管理者和政府审计组织之间必须互为前提条件。一方面，政府审计管理者应当有能力针对目标衡量自己的绩效和成果，他们应当具备必要的专业知识、实践背景和职业敏感；另一方面，政府审计组织应当向管理者提供清楚统一、简单合理和目标相关的绩效评估方式。为及时修正不恰当的做法以达到预定目标，政府审计管理者应该及早收到评估政府审计绩效所需的信息。这类信息是自我控制的工具，政府审计组织应直接提供给管理者，作为及时修正并保障目标实现的反馈机制。

必要的自主权是达成目标管理目的的条件，同时也是实行目标管理的意义所在，这就要求每位政府审计管理者必须能自由决定该做的事，并且为其职责范围内的绩效成果承担百分之百的责任。通过新科技有能力获得可衡量的信息，但是如果滥用这种新科技来加强对管理者的控制，新科技反而会打击管理层的士气，严重降低管理者的效能，造成无法估计的伤害。因此，运用新科技也要与目标管理要求相适应，科学合理并有效地运用。

（二）政府审计绩效管理的目标制定

1. 政府审计绩效管理目标制定的要求

（1）凡政府审计人员从上到下都需要有明确的目标，而且从一开始就强调团队合作和团队成果。其内容是，政府审计机关的管理人员要列出所管辖单位应该达到的绩效，说明他和他的单位应该有什么贡献才能协助其他单位达成目标，以及期望其他单位有什么贡献以协助他们达到目标。

（2）管理者的工作是为整体绩效负责。因此，每位政府审计管理者的目标都应该根据整体目标制定。

（3）每位政府审计管理者的目标都应该说明它对于政府审计所有目标的贡献，应该体现在不同领域所投入的努力和产出的成果之间的平衡。要让政府每个职能和专业领域都得到充分发挥，还要避免过度强调某个重要领域。

（4）不同领域、不同层次政府审计管理者都应当制定兼顾短期和长期的目标，所有目标都要包含进行审计管理或实施具体审计后有形的效果性目标和无形的作用性目标。

2. 政府审计目标确立的方法

（1）明确绩效目标是向上负责而非向下负责。要在让所管辖的单位对所属部门有所贡献的基础上，对整个政府审计组织有所贡献。

（2）政府审计各部门和单位的具体审计目标由每位管理者自行发展和设定。发展出这些目标是各部门和单位管理者的职责所在，而且是首要职责，他们应该负责任地参与和协助发展出更高层级的目标。

（3）政府审计高层管理者对其管辖范围内管理者发展和设定的目标具有同意与否的权力。这是保障政府审计各层级管理者目标反映政府审计组织目标的需要。

（4）政府审计管理者必须以积极的态度认同和了解组织的最终目标是什么、有什么期望和为什么有此期望，以及用什么和如何衡量绩效。共同的理解只能产生于"向上沟通"而不可能通过"向下沟通"实现，在这种沟通中既需要上司有听取下属意见的诚意，也需要设计专门的手段使下属管理人员的意见能得到反映。

（5）政府审计组成部门的各级管理者都必须进行"思想交流"，积极并负责任地参与有关目标的讨论，从而使政府审计高层管理者知道应该抱什么样的期望并据以提出明确的要求。

（6）目标确立过程和结果不仅要确定共同的方向，而且要排除错误的导向。

（三）政府审计绩效管理目标设定领域

1. 创新

创新，通常可以分为产品创新、社会创新、管理创新三类。产品创新是为了进一步满足顾客需求或开辟新的市场而进行的产品改善或改造；社会创新是一种以满足社会需求为目的的创新性行动，如果这种行动或者服务可以自我生长并实现模式扩散，它就是一种社会创新；管理创新是为了使组织的各项活动更加有效，而进行的组织环境和制度的改善或改造。

创新目标应当是一系列规划构成的创新体系。这一体系是围绕组织的使命创建的近期和远期目标的集合。为最近的将来做出的预测应当是相当具体的发展思想和方法，也可以说这方面实际上只是执行早已完成了的创新，是对过去创新目标的延续。为了实现组织可持续发展，在执行过去创新目标的同时，还应当谋划、研究、凝练较为遥远的未来。这是立足于过去和现在以实践为基础的预测，是将目标放在可能的发展上的"仰望星空"式创新。

既然是创新，目标就不可能非常明确，但创新目标仍然必须力求具体化和数量化。人们常常把创新与发明等同起来，事实上，我们至少是不应该将创新界定为发明，所谓创新只是使用一种发明为客户带来益处的实践。更形象地说，发明实现在实验室，创新发生在实践中。例如蒸汽机的发明是技术成就，而建造铁路则是企业家的创新。创新是一个经济学或社会学术语，而非技术术语。因此，应当明确创新的判断标准不是科学或技术，而是经济或社会环境中的一种变革。

政府审计就其直接的表现来说是核对，各种财务资料之间勾稽关系的核对，财务资料与业务资料对应关系的核对，财务资料、业务资料与政策法规一致性的核对；但就其结果实现方式来说是判断，要从纷繁复杂的各种资料中判断出是非真伪。既如此，工作思路、审计技术和审计方法的创新就显得至为重要。随着科技的迅猛发展，计算机和网络的普及，现代审计方法与技术（例如风险导向审计技术、计算机辅助审计技术等）已经逐步运用到政府审计绩效管理中来，促使政府审计实现审计工作规范化、数字化、网络化，从而提高政府审计绩效。因此，围绕政府审计绩效的创新既是必要的，也是可能的，没有政府审计绩效产品、社会价值和管理方式的创新，就不可能有政府审计绩效的改进和提高。

2. 财务资源

政府审计在其绩效设计和实现过程中离不开财务资源的支撑。制定目标的同时就应当制定相应的保障目标实现所需资金的计划，不应该将实物资源、物质设施以及提供资本的目标当作"应急之策"，而应当作为深思熟虑的谋略。

政府审计财务资源就是其审计经费，通常包括审计业务费、专项设备购置费、专业会议费、委托或聘用专业技术人员费用、通信费以及科研费、人员培训费、图书资料费和其他事业费。从整体来讲，我国审计机关是政府的一个职能部门，政府是审计机关的直接领导，审计工作与政府工作紧密联系，是政府管理系统的一个环节，是政府管理和监督经济的一个重要手段，由于政府掌握着人、财、物的分配权限，显然审计方面的经费来源于政府财政的拨款。

实施审计绩效管理对财务资源管理的一项重要内容是如何合理分布预算安排的资金总量，审前调查、审计实施、审计报告阶段各安排多少资金，一般的程序性检查、重点问题甚至重大违法违规事项核查之间资金如何分布，都应当在事先由富有经验的高层管理团队做出统筹规划。

一些极为重要的问题，如审计组的不同配备形式产生不同的财务资源支撑需要，如何确定恰当的审计目标以及选择最优的组织形式，会对财务资源节约或浪费产生重要的影响等需要仔细研究。因为这些问题的决策将会对一些重大事项的审计结论产生积极或者消极的影响，例如是否摸清了被审计单位的家底，是否揭示了被审计单位存在的主要和根本性问题，审计信息数量和质量是否达到恰当水平等。除非事先对这些基本层面做出安排，否则审计机关很可能将财务资源消耗在一些不重要的业务活动上，最后却发现它无法为一些重大审计业务活动提供资金。

3. 实物资源

政府审计绩效的表现形式或者说载体，通常包括审计报告、审计决定、审计简报、案件线索等。无论表现形式如何，其本质都是为决策和管理提供的信息。这些信息不能仅仅看作是"文字材料"，而应当因其符合公共产品的特征，以公共产品的概念衡量，将其定义为公共产品。既为"产品"，必有生产过程及生产过程的实物资源需求。

一方面，无论政府审计机关做出什么决定，其目标必须着眼于提供实现总体目标所必需的实物资源，比如现在已成为普遍需要的计算机配备，还有如资源环境审计或审计调查中所需要的定位系统等，至少这两个方面对全面掌握被审计对象的情况极为重要。

另一方面，政府审计实物资源配置受控于政府部门预算，这种预算通常是以年度为单元事先确定的，有形设施不可能临时拼凑而成，而必须按计划配置，设施配置不足、设施配置过头都会对审计绩效产生抵消，因此与实物资源提供同样重要的是制定良好的设施规划。

4. 社会责任

政府审计的社会责任不容置疑。企业以追逐盈利使其利润最大化为目标，尚且应当承担社会责任，政府审计作为履行监督职能服务公众的部门，当然应当承担社会责任。政府审计的社会责任包括以下两个层次：

第一个层次是无论履行公共职能的政府审计部门，还是履职于政府审计部门的工作人员，都应当对政府管理和使用的纳税人资金、财产的安全、完整、有效性承担监管责任。

第二个层次是政府审计机关应当对为其提供服务的审计人员权益承担相关责任。

5. 利润需求

利润需求对政府审计绩效直观的概念就是审计成果。政府审计应当有审计成果，没有审计成果的政府审计不能也不应当存在。受政府审计资源限制，其审计成果具有有限性。政府审计绩效管理的任务就是确保达到审计成果的"最低限度"。政府审计成果必须具有时效性，以期达到公共利益损失和浪费的最小化。当然，政府审计成果受审计人员业务技能和被审计对象遵纪守法、内部控制水平双重制约，因此需要从总体的、动态的角度取平均值衡量，用某一时点、某一项目、某一成员的审计成果衡量政府审计的绩效水平并非客观。

二、系统决策模式

（一）系统决策模式的基本原理

1. 管理

（1）管理就是决策。

决策管理学派是在社会系统学派的基础上发展起来的。他们把20世纪50年代以后发展起来的系统理论、运筹学、计算机科学等综合运用于管理决策问题，形成了一门有关决策过程、准则、类型及方法的较完整的理论体系。

在决策管理学派看来，管理就是决策，管理活动的中心就是决策。尽管与传统的管理将组织活动分为高层、中层和基层一样，西蒙也将组织划分为三个层次，但是西蒙的三层次理论与传统管理认为"决策只是组织中高层管理的事，中层实施的是管理，基层实施的是作业"不同。组织就是由作为决策者的个人所组成的系统，组织内的各个层级都要做出决策，计划、组织、指挥、协调和控制等管理职能都是做出决策的过程。组织最下层在生产性组织中是取得原材料、生产产品、储存和运输的基本工作过程，中间一层是控制日常生产操作和分配系统的程序化决策制定过程，最上一层是对整个系统进行设计和再设计并监控其活动的非程序化决策制定过程。基于当时的时代背景和科技与人文环境，传统管理理论得出的结论自然是集中决策、分散执行的模式。随着科学技术的发展、员工素质的提高和组织的日趋扁平化，决策权会逐渐下放。即使是处于作业层次的员工，也要对采用什么样的工具、运用怎样的方法做出选择。

（2）管理不能只追求效率，也要注意效果。

当确定了工作的目标和方向以后，朝着这个目标和方向去努力的程度体现为效率。效果既是效率的成果，也是方向和目标正确性的反映，同时决定着未来的目标和方向，因此效果是决定目标和方向的根本性问题，是决定"效率"是否具有价值的问题。

在"信息爆炸"的当代，重要的不是获得信息，而在于对信息进行加工和分析并使之对决策有用。获得信息是效率问题，加工信息使之有用是效果问题。受人类认知能力存在的局限性影响，今天的稀有资源不是信息而是处理信息的能力。为了提高信息处理能力，可以利用程序使计算机也能像人一样思考和创造，据此，决策学派提出了提高信息处理能力的信息处理模式。但是，信息处理模式只是决策者的决策工具，充其量只能帮助提高效率和效果水平，并不能取代决策过程。管理人员还必须对可供决策的方案评价以后进行抉择做出最后判断。决策方案一旦选定，管理人员就要对其承担责任和担负一定的风险。

2. 决策

（1）决策是一个系统和复杂的过程。

决策过程包括四个阶段：搜集情报阶段、拟定计划阶段、选定计划阶段、评价计划阶段。

搜集情报阶段任务是搜索和分析反映决策条件的信息，为拟定和选择计划提供依据；拟定计划阶段任务是在情报活动的基础上设计、制定和分析可能采取的若干行动方案；选定计划阶段任务是从可行方案中选择一个适宜的行动方案；评价计划阶段任务是对已做出的抉择进行评。这四个阶段中的每一个阶段本身就是一个复杂的决策过程。

（2）决策是程序化和非程序化的并存。

根据组织决策活动是否反复出现的情况，一个组织的决策可分为程序化决策和非程序决策。程序化决策是结构良好的决策，相应地，非程序化决策就是结构不良的决策。一般来说，那种例行的反复出现的决策属于程序化决策；而对不经常出现的、非常规的事情做出的那些决策，由于没有一定的章法可循，也没办法程序化，一般都是非程序化决策。

一般来说，程序化决策呈现出重复和例行的状态，每当出现这种情况时，决策者可以利用以前曾用过的方法和规则、办法和程序、规章和制度处理问题。典型的非程序化决策表现为问题是新颖的，其确切的性质和结构不确定或者很复杂，决策者不能够简单地使用以前的准则和程序解决这样的问题，要根据经验和知识对环境做出判断，提出创造性的解决方案，要求在困难、结构不良的环境中进行决策。日常的活动不管如何复杂都可以分解为最简单的行动步骤，加以程序化。这一规律向传统的非程序化决策提出了挑战。非程序化决策的现代技术也正经历着一场革命，其主要表现是探索解决技术方面的应用，包括决策者的培训和探索式计算机程序的编制，而且已经达到了模拟人的判断和直觉的现实程序。

全部决策过程大致概括为：判定问题—确定目标—寻求方案—比较并评价得失—选择并做出决定—在执行决定中进行核查和控制。但是，在实际工作过程中程序化决策和非程序化决策并没有截然的不同，二者很多时候都是混合在一起的，像是一个光谱的连续体，一端是非常高度的程序化决策，另一端是非常高度的非程序化决策，中间是逐渐的过渡阶段。

（3）决策的其他分类

根据决策条件不同，决策可以分为肯定型决策、风险型决策和非肯定型决策。肯定型决策是指决策执行后只有一种结果的决策，它又分为单目标决策和多目标决策。一般来说，这种决策很少，大多数都是风险型决策。风险型决策存在着不确定的因素,一个方案可能会出现几种结果,但每种结果出现的概率大概是知道的。不确定决策也是有几种不同的结果,每种结果的概率不知道。这几种决策所采用的方法和技术都是不同的。

(二)系统决策理论对政府审计绩效的意义

第一,政府审计的作业模式既有"流水线"型,又有由若干审计小组的审计结果汇集成一个总体的审计成果的"组装式"作业。基于审计人员主观判断决定审计绩效水平高低的事实,在"流水线"审计作业模式下,唯有每个层级审计人员都取得合理的审计绩效,才能保证整个审计"作业链"的成果最大化;在"组装式"审计作业模式下,被审计对象经济业务的相关性决定了如果某一部分审计绩效低下,必然影响甚至抵消其他部分的审计绩效。因此,政府审计具有自身信息沟通与相互关系的复杂模式,其决策的制约因素很多,涉及到政府审计各个层次和各个方面。如果把政府审计决策从"复合决策"模式上理解,反复"筛选"其成员的决策形成整体决策,则政府审计成员的决策其实就是政府审计组织的决策。

所以,政府审计提高审计绩效就要做到向每个成员提供决策所需要的大量信息和决策前提、目标及态度,还要向每个成员提供一些稳定的可以理解的预见,使他们能预料到其他成员将会做哪些事,其他人对自己的言行将会做出什么反应。

第二,质量和效率是政府审计绩效的两个支柱。审计工作质量与审计工作效果是同方向的(但不是相等的)审计绩效概念。没有审计工作效率,审计绩效将是无源之水;没有审计工作效果,审计绩效将是空中楼阁。从更广泛或者更具体的意义上说,审计实际上就是信息加工和处理的过程,从被审计对象取得截止期相关财务、会计、决策、管理、业务信息,依据国家财经法规和行业规则进行分析处理,得出是否真实、合法并具有效益性的结论。

因此,加强和改进政府审计绩效管理,无疑需要以较短时间较为全面地取得被审计对象信息资料。同时,要以此为基础,揭示被审计对象信息资料存在的违反财经法规和效益规则的问题,客观分析产生问题的原因,公正地做出处理。当然，在此过程中，审计人员可以而且应当借助计算机等辅助审计手段，实现审计效率和效果最佳匹配。

第三，根据系统决策理论的四阶段，政府审计决策活动也可以分为以下四个阶段：

一是收集总体决策信息阶段。主要是搜集政府审计所处环境中有关经济、技术、社会各方面的信息，以及政府审计内部有关情况。以国家审计署为例，学习研究每年的中央经济工作会议精神，向全国人大常委会报告工作并接受审议的反映，以及向各特派员办事处、派出审计局征求意见，就是通过收集情况发现目标，并对情况与目标的性质、发展趋势做出正确的评估，找出重点工作目标和方向。为了避免决策失误甚至做出错误的决策，收集的总体决策信息应当尽可能全面、真实、准确。

二拟定审计计划阶段。这个阶段的主要任务是：在确定目标的基础上，依据所搜集到的总体信息，编制可能开展审计的领域或项目方案。方案选择是决策的关键环节，备选方案的数量和质量对于合理决策有很大的影响，因此，要尽可能提出多种可供选择的方案，避免漏掉好的方案。

三是选定审计计划和实施审计计划阶段。选定审计计划首先要根据当时的宏观具体情况，结合对未来发展趋势的预测确定选择标准，然后，依据选择标准，从可供选用的审计工作方案中选定一个最合适的工作方案。计划选定后，就要制定实施方案并组织实施。实施方案内容要清晰具体、时间分配应当科学合理、人财物分配应当清晰充分，使组织成员能够正确理解决策，形成有利于实现决策的气氛。

四是审计计划评价阶段。审计计划评价不是一个完全独立运行的阶段，应当与审计计划实施阶段结合起来。在决策执行过程中，将决策的具体实施情况反馈给决策者，不断发现偏差并及时纠正偏差，保证决策在不断修正后得到顺利实施。

四个阶段的每一个阶段本身都是一个复杂的决策过程。问题的确认需要决策，拟定备选方案的决策性质更加明显。不能觉得只有决策活动才是最重要的。事实上，没有信息收集和备选方案的正确决策，也就不可能做出正确的决策；而没有决策的执行，再好的决策也只是一张空文。而实现有效决策需要掌握两个关键点：一是决策过程最重要的是信息联系，在决策的各个阶段通过信息建立关联关系。在政府审计内部以及政府审计外部环境之间，应当建立起高效畅通的信息沟通渠道和机制，没有有效的信息沟通就没有良好的审计绩效。二是决策应当遵守程序，但是不能完全机械地套用固定程序。比如，拟订方案阶段出现了新的问题，这就需要重新返回第一个阶段来收集情报，结果又回到了第一个阶段。按说，决策应该是先充分地收集信息，然后做一个最好的决策，但有时候因为各种原因没有足够的时间来收集信息，例如出现突发事件需要立刻解决，这时的决策就在很大程度上依据管理者的经验和直觉来决定。特别是查处重大违法案件应当建立快速反应决策机制，否则，将会丧失时机造成审计绩效损失。

第四，在政府审计工作过程中，程序化决策和非程序化决策始终相伴存在。对于一些基础性、技术性事项可以按规则、程序处理，或者运用计算机辅助审计软件处理。但是，大量的事实判断、问题确定、线索发现需要依靠审计人员的知识和经验，这也是不同审计人员对同一单位、事项进行审计时，却在审计绩效上差别很大的原因。研究政府审计绩效管理既要强调程序化决策，又要培养非程序化决策能力，二者不可偏废。

三、组织均衡模式

（一）组织均衡模式的基本原理

组织是由人组成的集体，其工作也由人来执行。群体活动的组织化程度，依据每个成员允许自己参与的组织对自己的决策和行为的影响程度来决定。个人愿意参与有组织的群体，并服从既定的组织目标主要在于以下方面：

1. 诱因

按照接受刺激物情况划分，组织成员可以分为三种基本的参与类型，即：个人报酬直接来自组织目标的实现，组织提供的个人刺激与组织的规模和成长有密切关系，个人报酬直接来自组织提供的个人刺激但与组织的规模和成长没有关系。类似如企业组织由顾客、企业家和员工三种类型人员组成，每一种类型人员都有一种主要的行为动机。正是存在这三种类型人员，使得管理具有具体的特点。

因为把有组织的群体当成均衡系统看待，所以存在个人在组织中的参与行为问题。这个问题是，个体是否愿意接受组织成员的身份，取决于个体在组织里的活动是否直接或间接地对实现个人目标有利。当组织设置的目标对个人有直接价值时，个人贡献属于"直接贡献"；当个人愿意为组织做出贡献，而组织以货币或其他形式提供作为回报的个人报酬时，个人贡献属于"间接贡献"。

但是，个人目标应该从广义上去理解，绝对不限于自私的目标，更不是只有经济目标。虽然事实上经济刺激往往在企业和政府组织中起主导作用，却不能忽视其他类型刺激的重要性，不应该忘记地位、声望或享受组织协会等无形的自我价值。无论是哪一种类型人员，也无论是经济的还是非经济的刺激，都有一个基本的结论，这就是组织成员对组织做出贡献，组织向他们提供刺激物作为回报，由此形成了"贡献—回报—组织"三者之间的关系：一个群体的贡献是该组织为他人提供刺激的来源，如果总贡献的数量和种类足以提供必需数量和种类的刺激物，组织就能生存并且成长，否则，如果没有达到均衡，组织就会衰退甚至最终消失。

2. 组织目标

多数组织都是以某一标的或目标为导向的。这些目标提供了组织的目的，指明了组织决策和活动的方向。作为在组织均衡中起作用的组织目标应当关注以下三个方面：

（1）组织目标在特定组织类型上的应用存在差别。企业组织的产品产出目标就是顾客的个人目标，政府机构的组织目标是组织的最终控体即立法机构的个人目标，而自愿组织的组织目标一般是获得组织成员贡献服务的直接激励。

（2）组织目标绝对不是静态的。为了生存，组织必须设置具体的目标，并且一直随着外部因素的变动而调整组织目标。

（3）员工对组织目标的忠诚。对所有组织成员灌输组织目标的概念，并且促进把这种影响体现在行为上。需要注意的是，忠于组织目标与忠于组织的人对目标会有不同的态度。前者对组织目标的修正产生抵制，如果变动太彻底他们甚至会脱离组织；后者会支持有利于促进组织生存和成长的权宜性目标变动。

3. 参与组织员工的激励

参与组织员工的激励首先产生于聘用合同产生的组织和员工之间持续的权威关系。在受聘用时，员工愿意签署聘用合同是因为从组织的角度来看，如果员工不接受组织权威，员工的行为便不能融入整个组织行为系统，向员工提供刺激不能给组织带来任何收益；从员工的角度来看，只要在一定限度内占用聘用时间，究竟从事什么活动对他来说相对没有差异，只要组织传达给他的命令还在他的接受限度以内，他就会允许他们指导自己的行为。当然，决定员工接受组织权威的限度和范围的因素，取决于组织所提供刺激的特征和大小，除了薪水外，还有诸如在组织中的职位带来的地位和威望，自己与所属工作团队的关系，晋升机会等。

4. 组织规模和成长

组织的规模和成长是引导个人参与组织的激励来源之一，通常称之为"存续"价值。企业家群体尤为重视这些价值，因为多数企业家除了其"经济人"身份对利润重视外，还对威望和权力等非物质性价值感兴趣，存续目标的这种附件，甚至更能体现积极控制大型商务企业的职业经理的特征，存续目标也能为其他组织员工尤其是能为希望升迁者带来重要价值，因为正在成长和蓬勃发展的组织比停滞不前或正在衰落的组织能提供更多扬名和晋升的机会。

（二）组织均衡理论对政府审计绩效的意义

组织均衡理论对政府审计绩效管理具有重要的指导意义，这种指导意义主要体现在以下两个方面：

1. 为政府审计绩效目标的实现提供保障

必要的诱因推动政府审计人员个人行为动机与政府审计绩效目标实现均衡，从而为政府审计绩效目标的实现提供保障。尽管西蒙以个人参与组织的方式划分群体是以"个人"为概念表述的，但其根本上应当是指参与者"单元"，因此不能理解为纯粹的自然形态个体。政府审计组织参与者可以包括被审计单位或审计服务接受者、政府审计管理者、政府审计业务执行者。这三者对政府审计具有不同的需求，也就是说其行为动机与政府审计绩效之间存在均衡的条件和可能，但并不是"必然"和"重合"的均衡。被审计单位或审计服务接受者要求政府审计为其提供经济活动的安全保护（这种"保护"不应当被理解为"庇护"，指出可能违反法规的趋向、督促纠正已经存在的问题，是安全保护的体现）或决策支持，政府审计管理者更多关注政府审计发展对其地位和成长给予的支持，政府审计业务执行者的利益当然与政府审计发展密切相关，但并非决定于这种规模和成长。

政府审计机关应当通过不同渠道提供三种诱因：为被审计单位或审计服务接受者提供所需的审计产品；为政府审计管理者提供其发展所需的空间；为政府审计业务执行者提供物质利益为主体的及其成长所需的平台。

2. 促进政府审计绩效的改善

以目标、权威和存续价值为纽带，为政府审计绩效的持续改善提供支持。中国政府审计经过多年的发展，取得了令世人瞩目的成就，特别是以在国家审计署层面上产生的被社会称为"审计风暴"的审计成果的影响更是深入人心。虽然通过某些特别的途径和方法产生"风暴"并非易事，但是，将政府审计作为一种事业，使之可持续发展并永久地为人们所接受和称赞的任务更为艰巨。这属于组织均衡理论支持的范围。

政府审计应当确立与整个国家发展需要相适应的长远发展目标，并以此为基础分解成若干个阶段性目标。比如，以国家审计署为例，我们认为可以考虑将构建财政审计大格局作为政府审计自身组织和工作方式的目标之一，在这一目标之下将审计客体划分为以下互为关联的三个阶段性目标：

第一个阶段，立足于中央财政，以规范预算管理为目标，通过对国务院各个部门和中央对地方转移支付审计监督，推动将政府所有的收入和支出列入预算，促进完整的公共财政预算建立。

第二个阶段，立足于地方，以推动财政体制改革为目标，促进深化预算制度改革，强化预算管理和监督，健全中央和地方与事权相匹配的体制。

第三个阶段，立足于中央和地方结合，以促进建立公共财政体系为目标，围绕基本公共服务均等化和主体功能区建设，加强财政资金分配和固定资产投资审计监督。

目标设立之后，政府审计全体成员就有可能朝着统一的方向努力。但是，这种努力特别是持续的努力不可能自发地产生和形成并坚持下去，必须通过必要的途径和手段。按照公务员法等有关法规建立并严格执行政府审计人员准入制，通过政府审计人员进入把关，使政府审计全体成员与政府审计组织建立起一种"合同"基础上的"代理"关系，并以此为依据对其业绩进行考核、检查是初始的途径和手段。在此基础上，还必须树立政府审计组织和政府审计首脑等管理者个人共同的权威体系，并使政府审计人员接受这种权威。之后，还需要通过政府审计地位和社会影响等宣传教育，提升政府审计人员荣誉感、自豪感和归属感，通过以审计人员努力程度和效果为依据的考核，为其个人职位提升和收入增长提供效应。

四、资源整合模式

（一）资源整合模式的基本原理

1. 资源整合的管理

资源整合管理的实质就是使组织内部和外部的各种资源的配置和利用发挥到最佳状态。资源整合管理的主要职能可以划分为战略管理、管理内部构成要素、管理外部构成要素。

（1）实施战略管理要求在对外部环境和组织能力预测的基础上确定目标和优先权，并设计运作计划以实现最佳资源配置和利用的目标。

（2）管理内部构成要素包括三个方面，具体如下：

第一，组织和人员的配置。在组织方面，管理者确立下属机构和职位以及对其赋予权力和责任的结构，确立为协调与采取行动必需的所有程序。在人员配置方面，努力将合适的人员安排到关键工作岗位上。

第二，人员指挥和人事管理制度。组织的能力主要体现在它的成员及其技能和知识方面，人事管理制度包括对组织人力资本的招募、选择、社会化、培训、奖励、惩罚、辞退等，这些人力资本构成了组织努力取得目标和对管理方向做出特定反应的能力。

第三，控制绩效。包括可帮助管理层进行决策和测量实现目标进程的业务工作和资本预算、账目、报告和统计方面的系统，绩效评估以及产品评估等各种管理信息系统。

（3）管理外部构成要素要求处理好以下三个关系：

第一，与同属于一个共同上级权力机关的其他外部单位的关系。在一个大型组织中，大多数单位的负责人为完成本单位的目标，必须处理好与上下左右其他单位之间的关系。

第二，来自政府其他部门、不同层级的政府以及其他机构，会对组织实现自身目标的能力产生重要影响，因此需要处理好与独立组织的关系。

第三，组织需要新闻媒体和公众的行动支持、赞成或默许，因此需要处理好与它们的关系。

这三者之间的逻辑关系是，内部构成要素和外部要素分别构成了公共组织来自内部和外部的各种资源，而战略管理很重要的功能之一就是通过自身的工具力量，将这些内部和外部的资源加以整合并有效运用。

2. 资源整合管理模式变化

与传统行政模式相比，不管组织的资源来自外部还是内部，绩效管理模式对这些资源的管理模式无疑都发生了较大的变化。绩效管理模式更多地强调面向结果、面向顾客以及明确的责任,因而管理更具自主性、灵活性、激励性和回应性。这些变化发生在各种资源管理模式之中。各种资源管理模式的变化,要求公共组织必须在绩效管理的战略框架中将这些资源进行有效的整合。因为只有改变资源管理模式并加以整合,才能彻底改变传统行政模式的运行基础,绩效管理才能真正发挥作用。

(1)组织结构和人事制度的变化。传统管理模式强调政治回应性、组织效率、个人权利和社会公平的特征,虽然没有明显的迹象表明它们将会消失,但一些新的价值开始凸显出来,并塑造着当前公共人事管理的模式。这些新的价值是个人责任、有限的与分权的政府、提供公共服务的责任等。人员录用、晋升、考核、薪酬、辞退等方面,权力更多地由人事部门转向具体的用人单位。通过授权管理的形式,一线管理者和员工被赋予更大的自主权;组织中允许根据工作任务建立自己的工作团队,以发挥群体的积极性和创造性;组织结构的扁平化淡化了传统的等级制结构,使沟通变得更加方便。

(2)信息系统的作用日益强化。信息系统的作用应当从多个角度论证。美国"责任和绩效中心"把基于绩效的信息系统的作用归结为增强责任性、改善管理以及更好的资源配置三个方面。加强和完善政府管理信息系统建设,可以为有效发挥政府绩效管理的作用提供强有力的数据支持。毫无疑问,不能单纯就信息论信息,因为信息并不构成独立的资源。但是,当信息资源与其他资源相互作用,却必然会发生巨大的效用,因为绩效管理和评估的一个基本前提是信息支持,必须依靠充足和完备的管理信息,绩效管理和评估才能发挥作用。甚至可以说,随着政府审计组织规模日益壮大,政府审计业务范围日益扩大,政府审计业务领域日益广泛,没有一个强有力的信息系统支持,就不可能实施政府审计绩效管理。

(3)组织文化日渐成为一种新的资源。组织文化并不等同于组织正式的一致性规则,而是组织内部长期形成的一种非正式的一致性规则,包括态度、情感、行为、惯例等。组织文化的因素正如人的个性,伴随着组织成熟程度的提高,"内化"倾向更加明显,改变的难度也越来越大。组织文化并没有一致的好坏评价标准,任何组织文化不可能脱离组织背景单独存在,它必然会与组织功能、组织结构、组织特征相伴相随,试图评价某个组织文化与其他组织文化之间的优劣是一个非常困难的事情。我国政府审计发展至今,应当而且可以总结提炼具有中国特色的政府审计文化,并将其作为一种资源推动我国政府审计朝着更加卓有成效的方向发展。

(4)顾客资源。提出"顾客资源"的概念,有助于公共部门及其管理者意识到"自己应对谁负责""绩效应当由谁来评价"等绩效管理中的关键问题。在绩效管理中,"顾客"是一个含义更加广泛的概念,不仅指一般意义上的服务对象或公众,而且还包括与公共组织有关的各种相关利益群体,甚至也包括组织内部的附属机构和员工。政府审计为获得令人满意的结果并取得高绩效,就必须有效地识别顾客,区分政府审计对他们的不同影响,关注他们之间不同的甚至是相互冲突的利益要求。

(二)政府审计绩效管理中的资源整合

1. 内外部资源统一整合

依据政府审计内部的组织模式和结构、人力资源总量和专业构成、财务预算安排和调控程度进行资源整合是最基础的整合,而且也是非常必要的整合。以财政审计大格局为例,目前政府审计机关按财政、金融、企业、投资、行政事业等领域设置的机构,如果不采取适当的组合方式整合资源,就难以达到财政审计完整反映国家财政收支和管理水平的要求。但是,随着经济社会发展对政府审计提出的更高要求与政府审计资源需求差异拉大,纯粹意义上的政府审计内部资源整合已经不可能满足审计工作目标实现的需要。比如,资源环境审计因其政策性、专业性和技术性强,审计判断的难度大,必须借助于在政府审计机关内部不可能完全配备的外部技术人员、专业管理部门和社会中介机构的力量。因此,在未来的政府审计中,要达到恰当的绩效水平,无论是综合性审计项目,还是单项的审计项目,政府审计内部资源和外部资源双向整合是一种必然选择。

2. 控制与授权两种方式同时运用

政府审计人力资源实行编制管理，财务资源实行预算管理，信息资源通过统计、信息系统实行集中管理。也就是说，在一定时期政府审计资源总量确定的情况下，要最大限度地发挥资源的效用，取得尽可能大的资源运用绩效，必须围绕一定时期政府审计的工作目标，控制资源分布结构。与此同时，受被审计对象规模大、业务内容广泛的影响，在具体项目审计过程中，必须赋予审计项目执行层必要的资源管理和分配权。控制与授权之间通过审计项目立项衔接。上年度政府审计各组成部门提出年度审计项目计划，并详细编制每个审计项目需要的时间、人力和资金计划，经总体平衡后下达各部门执行。执行过程中的资源整合和管理授予各部门充分的自主权，上级部门保留目标实现、审计质量和资源节约的监督检查权。

3. 固定资源与流动资源相辅相成

政府审计承担并行使与监督、评价、处理相应的行政甚至法律责任，因此为了保障责任主体明确及责任的可追究性，政府审计人力资源应当保持一定水平上的相对固定。在此前提下，政府审计应当树立流动资源观念，建立健全流动资源管理和运行机制。流动资源主要有三种表现形式：一是根据需要实行合同聘用和临时聘用的人力资源机制；二是根据审计工作特点，建立项目团队、固定工作团队、功能团队、网络化团队等不同类型的团队，并根据情况变化适时调整；三是根据利益要求差异、被审计单位影响程度，对审计对象实行分类、分层滚动式管理，以满足不同时期、不同阶段的顾客需求。

第三节　政府审计绩效管理的完善策略

一、构建良好沟通，加强团队协同

（一）强化沟通，优化绩效

1. 审计组织沟通的重要性

审计组织沟通的重要性主要表现在以下两个方面：

（1）没有沟通就没有组织。

协调程序的作用在于帮助实现个人行为与群体计划相适应，一个科学合理的协调程序能够让每个人的行为都与群体计划相适应。但是，这种协调程序需要的基本前提和条件是：在任何情况下，无论是制定协调程序，还是实现协调目标，协调都需要沟通，至少需要把"群体情境"中的某些关键要素传递给组织成员。

只有通过沟通，群体才有可能影响个人的行为，这种情况在审计组织中显而易见。一方面，被审计单位作为组织是客观存在的事实，如果审计人员以非组织的方式与被审计单位发生联系，既不符合审计法律规定，也是不可能达到审计目标期望的行为；另一方面，审计人员个体的审计活动是一种集体活动的分解，审计组织集体的活动是审计人员个体活动的集成，部分构成总体，部分与部分之间、部分与总体之间是互相联系的，没有沟通就没有审计组织上下级之间的协调，就没有横向之间的一致。

（2）沟通影响决策制定。

从事物发展变化来说，哲学上有一个经典的观点，即内因是变化的根据，外因是变化的条件。无论是积极意义上的变化，还是消极意义上的变化，也无论是正效应的变化，还是负效应的变化，总是缺少不了外部条件的。决策的原理其实也相同于变化的原理，或者说，决策就是为了实现一个变化。它们之间具有相同的原理。一个人能否制定某项决策往往须随条件而定，取决于其他人能否把制定一项"明智决策"必需的信息传输给他，他能否把决策传输给他希望影响其行为的组织其他成员。

无论是中长期审计工作计划还是年度审计工作计划，或者是审计项目计划和审计组织内部管理措施等相应决策的制定都离不开沟通。审计机关了解一定时期国家政治、经济、文化、社会建设的任务和目标，有助于制定更加符合实际的审计计划，了解所辖范围内被审计单位的情况，能够使审计项目计划更加重点突出，而了解审计组织内部人员能力、水平及其构成，能够更有针对性地采用培训提高的方式和途径。

2. 审计组织沟通的特征表现

审计组织沟通的特征主要表现在以下四个方面：

（1）审计沟通既是内部沟通又是外部沟通。

审计者是一个方面，被审计者是另一个方面，只有当审计和被审计双方都存在，审计行为才有可能发生。审计者的目标是什么，需要的条件和支持是什么，需要与被审计方沟通。被审计方的具体情况怎么样，相关情况的结构和体系如何，内部控制是怎样建立的，业务流程是如何进行的，资金流动及分布情况如何等，需要与审计方沟通。站在审计组织的角度来说，这是外部沟通。同时，审计组织内部也存在沟通，主要是审计组织上级与下级的沟通，具体审计活动过程中审计人员之间的沟通。

外部沟通和内部沟通都属于定义范围的组织沟通，因为审计方是组织，被审计方也是组织。上级、下级及构成审计组织体系的所有层级，都是审计组织体系的"子组织"，审计人员尽管以自然人形式存在，但他本质上是审计组织"子组织"的一种特殊表现形式。

（2）审计沟通是一个双向的互动过程。

审计沟通的目的和任务是传输审计判断和决策前提。审计组织对被审计事项的真实性、合法性和效益性进行判断，做出决策，需要一系列的事实要素和价值要素作为前提，由于审计和被审计分属于不同系统、审计组织内部存在上下级间工作分工，若要满足各方之间共同的需要，就必然而且必须是

"双向"共同努力的过程。

（3）审计沟通体系是一个完整的网络。

西蒙设计的沟通网络基本路径是将需要的信息从"信息的组织来源"传输到各个决策中心，从制定"部分决策的决策中心"传输到"组合这些部分成为完整决策的决策中心"，最后传输到要执行决策的组织单位。这一沟通网络基本路径原理具有普遍适应性。同样，审计沟通体系的沟通网络既包括向决策中心传输命令、信息和建议，也包括把决策从决策中心传输到组织其他部分，向上、向下以及侧向贯穿整个组织的沟通。当然，针对某一具体的政府审计机关的沟通网络需要专门设计。

（4）沟通中存在作用力与反作用力的矛盾运动。

由于沟通过程中从"信息源"向决策中心传输信息存在一定的困难，因此导致后者向前者靠拢的趋势，即通常说的关口前移。关口前移包括时间上的关口前移和空间上的关口前移。

沟通过程中，由于存在职责、专业技能、知识和协调等方面的需要，从决策中心向执行点传输信息会产生一个将决策职能集中化，并因此造成决策与执行分离趋势的"反向拉力"。为了解决这一问题，审计署武汉特派办在多年的查处大要案实践中总结形成了一套卓有成效的工作方法，其中之一就是在审计组设立大要案小组，集中审计业务、法规知识等人才，进行案情专门研究，制定决策和具体工作方案，指导审计人员深入查处。这一方法，对保障审计质量，提升工作效率和水平发挥了很好的作用。

此外，沟通中还存在与上述拉力完全相反的拉力，即趋于分权化的一种拉力。这是在大多数审计项目中采用的方法，特别是在被审计单位规模大、审计任务重的情况下更为常用。

3. 政府审计组织沟通的组织形式

（1）决策中心。

决策中心具有层次性，国家、省、市、县各级审计机关应当设立各自的决策中心，各项目审计组也应当有自己的决策中心。在运行过程中，决策中心要遵循下级服从上级的原则。根据相关规定，各级地方审计机关在地方政府首脑的领导下开展工作，业务上接受上级审计机关的领导。相关规定下，地方审计机关应当正确处理"双重领导"关系，在决策过程中既要体现本级政府的要求，又要体现上级审计机关的更为宏观层面的要求。

决策中心是一种"结构性组织"，通常情况下并非常设机构，而是由审计机关职能部门人员，或审计组政策水平较高、业务能力较强、熟悉宏观情况，并且具有一定组织协调能力的人员组成。决策中心的主要职能任务是：收集决策所需要的政策法规和实际工作情况信息；做出工作任务部署和重大事项决定；发布决策指令；协调政府审计各组成部分的工作；检查监督工作任务完成情况。决策中心可以设立办公室，也可以建立决策会议制度。日常具体沟通、检查等任务，决策中心委派给办公室的其他助理职员，通过起草输出信息、筛选收到的信息以及联络等工作来完成。

（2）借助人工记忆。

人工记忆是人工智能的功能之一。人工智能指用机器模拟人类智能。20世纪50年代美国一些科学工作者首先提出这一构想，1956年正式使用"人工智能"这一术语。随着计算机的快速发展，信息网络的建立，能思考和处理问题的计算机、软件和网络系统已成为世界各国各行各业进行管理的主要工具和手段。作为审计沟通的机构和方式之一，人工记忆可以通过对大量数据的占有，分析各种事物的内在联系，从而有利于发现和认识新的需要沟通的问题、焦点和方法，促进方法创新、组织创新等新的理念的产生。借助人工记忆并用之于审计组织的沟通，需要建立包括记录系统、信件和其他文件、数据库和定期报告系统等在内的储存信息库，并使之能在适当的规则下得到有效运用。

（3）外部调研单位、会计部门及独立审查和分析机构等内部信息调研单位构成的调查研究机构

沟通的实质是通过信息交流和交换，解决在审计判断过程中出现的信息不对称问题。不同来源的信息具有不同的功效。审计人员可以利用因特网

资源作为分析的依据,如在效益审计项目中利用网上资料进行国际同行同类项目效率性、效果性和经济性比较。会计部门的资料是重要的审计资料,审计组织应当与其进行充分的沟通。尽管不同的项目对资产、负债、所有者权益、收入、支出、成本、费用等财务会计资料有不同的需求,但总体上是必不可少的信息,与会计部门沟通的主要任务是确认其真实性、合法性。会计师事务所等社会中介机构出具的报告也是重要的信息来源,在抽查验证并认为可以利用的前提下,会计师事务所等社会中介机构的信息作为审计组织分析判断的根据,可以节约审计资源、提高审计效率。

但是,因特网资源只能作为分析的参考依据,如果将其作为相关证据性支撑,必须以审计验证结果或者具有权威性的信息源为保障;会计师事务所等社会中介机构信息虽然可以利用,但也只能是判断甚至抽样验证后的利用,而且由此带来的审计风险应由审计组织承担。

总之,围绕审计组织的工作目标,加强与相关部门的沟通,是审计组织工作方法之一,因而这些部门也是审计沟通的机构。

4. 政府审计组织沟通的主要媒介

媒介是传通路线上有机复制、分配信息、符号以及通过传播组织如报社、电视台等的传播方式。传播媒介延长人体器官,例如笔是手的延长,轮是足的延长,广播是耳朵的延长,电视是眼和耳的延长,因此,可以说媒介是人类用来载运、传递与取得讯息符号的工具。

媒介在传播过程中有着速度、深度、广度、普遍、恒久、开放等特定功能。速度能够起到加强时间价值的功效;深度如书籍等能深入报道探究原因;广度扩大视听范围,加深对问题广泛认识与联想;普遍指媒介适应各种程度的受众,而人类对媒介的接触态度甚为普及;恒久的意思是报纸、杂志、书籍等媒介内容可资保存重复暴露;开放即供给新观念、新知识。

每一种媒介都各有其特性,在使用时需要细心挑选,才能在理想的情况下选择最适宜媒介,作为信息传播的通道以达到传播效果。审计组织沟通媒介的选择更是应当独具匠心,否则,取得不真实、不准确的信息,将会导致审计人员做出错误判断，取得无效、不足的信息，将浪费审计资源降低审计工作效率。

（二）强化协同，发挥优势

1. 组建政府审计项目团队

（1）审计项目团队应当具备的条件

当两个或两个以上的审计人员相互依存，彼此之间存在动态的相互作用，并且拥有共同珍视的短期目标、长期目标或者使命时，他们就形成了一个审计团队。以审计绩效改进为目标的审计项目团队应当具备以下三个条件：

第一，在完成绩效目标过程中，审计项目团队应当被授予必要的自主决策权。特别是在实施审计的现场，除了信息沟通联系和具有指导性的工作建议外，不应受到政府审计管理层或审计工作任务提出的其他方要求的约束。

第二，审计项目团队本身人员数量、知识结构、业务技能应当设计良好，而且政府审计组织环境能够为审计项目团队实现最佳绩效提供支持。

第三，绩效反馈的目的是为审计项目团队绩效改进提供指导，因此反馈的重点应当放在审计项目团队成员能够控制的团队流程上。比如，审计项目团队运用政府审计信息系统建立局域网，进行适时的审计信息交流和反馈。但是，对那些审计项目团队无法控制的方面提供反馈是没有意义的。

（2）审计项目团队绩效管理关注点

审计项目团队绩效管理的目的包括战略、管理、信息传递、开发、组织维持、档案记录、让所有团队成员都认真负责。因此，政府审计实施团队绩效管理应当特别关注以下两个方面：

第一，在确定审计项目绩效衡量指标之前，首先要考虑团队的类型，以团队成员结构和任务复杂性维度为基础，区分工作或服务团队、项目团队、网络团队三种类型，充分考虑就任务复杂性、团队成员结构维度而言，三者从例行性到非例行性、静态到动态均为依次前者趋弱而后者趋强的特征。

第二，考虑怎样评价相关审计人员个人的贡献、怎样在审计人员个人绩效和审计项目团队绩效之间找到平衡、怎样确定审计人员个人绩效衡量指标和审计项目团队绩效衡量指标等三个问题。

（3）审计项目团队绩效管理的实施步骤

审计项目团队绩效管理过程包括以下六个步骤：

步骤一，明确前提条件。审计项目经理及审计项目参加人员要清楚地了解所执行审计项目的使命，同时清晰了解涉及职位的任务和需求，了解审计人员个体为审计项目团队绩效做出积极贡献需要的知识、技能和能力。

步骤二，制定审计项目绩效计划。需要考虑并落实的内容主要包括：总体上的结果和行为；结果和行为开发计划的制定；描述需要改进的领域及各领域需要达到的开发目标。

步骤三，绩效执行。政府审计管理层赋予审计项目团队自主决策权之后，审计项目团队就应当自主、独立负责执行行为的绩效，审计项目经理和其团队成员就要共同承担起执行行为的绩效责任。

步骤四，绩效评价。审计项目团队所有成员都应当对其他成员和团队整体任务绩效、周边绩效进行评价，评价的维度是效果、效率、学习与成长、团队成员的满意度四个方面。

步骤五，绩效反馈。审计项目成员、审计项目经理、政府审计管理层之间的审计项目绩效反馈，根据不同的需要，可以通过多种方式进行。如，与审计项目团队所有成员面对面讨论审计项目团队工作状况，审计项目经理与每一位团队成员单独会面，书面反馈结果和意见。

步骤六，更新和重新签订绩效计划。

2. 加强政府审计团队合作

加强政府审计绩效管理，实现政府审计绩效改进，达到最佳政府审计绩效必须借助于合作团队。政府审计是具有社会性、过程性特征的正式组织。其绩效水平依靠每一个审计项目团队成果，但又不是单一审计项目团队的一次性活动，因此合作就显得非常重要。这种重要性要求提高政府审计绩效应当开展有意识的、有计划的、有目的的合作。这种合作无所不在，而且不可避免，其对应的概念是"个人主义"。也就是说，除了合作没有其他的过程，在我们认为可靠的、能预见的、稳定的事物中，许多都明显是经过正式组织的共同努力的结果。

在此基础上，一个组织的存续往往要在不断变化的外部环境中维持具有复杂特征的某种均衡。其中，外部环境是由实体的、生物质和社会的物质、要素和力量等因素所构成的。这就要求组织内部的调节过程应该关注调节赖以产生的外部条件的本质，但我们所关心的核心问题却应该是实施调节的过程。政府审计绩效改进受到一系列经济、政治、文化、社会、技术外部因素的影响，因而需要完善政府审计内部调节机制，实行有效的过程调节，建设良好的合作环境，保障政府审计绩效的持续改进。

二、实施开明管理，完善审计理性行为

（一）借鉴开明管理思想

开明管理理论的思想甚为丰富。在政府审计绩效管理中，应当借鉴以下基本观点：

第一，每个审计人员都是值得信任的。该观点强调个性差异的事实，假定审计人员都是比较进步、心态比较成熟、健康而且文明的人。当然，这个观点并不意味着不管什么人都得信任，或者不该怀疑任何人。如果是这样，所谓管理就失去了意义。

第二，所有审计人员都能获悉相关的最充分真实的信息。只有这样，才能进行绩效管理所需要的沟通。

第三，所有审计人员都有进取动机，都希望工作质量上乘，反对浪费时间与拖沓的作风，希望能把工作做好等，这是实施审计绩效管理的前提。但是，也需要提醒三点：①有相当一部分人是没有这种冲动的，即使有也非常微弱，而我们为组织挑选的人在这方面都有一定动力；②心理健康的人几乎都有这种冲动；③为了避免任何不真实的、盲目乐观或过分乐观的估计，需要明确地知道那些穷困潦倒、悲观绝望、一蹶不振、焦虑恐惧、缺乏情趣、

疯狂痴呆、麻木不仁等的人是没有这些动机的。

第四，审计人员能积极主动地向自我实现方向发展，享有将理念付诸实践、选择合作伙伴、成长发展、尝试新事物、动手实践等自由。

第五，每个审计人员都陶醉于团队工作、友谊、集体精神、和谐的团队气氛、良好的归属感及对团队的热爱之情中。如此，则所有其他问题都会变成考虑以适当手段实现目标的简单技术问题。当然如果长远目标含糊笼统、夸大其词或者让人一知半解，那么谈技术、方案或手段也就没什么意义了。

第六，对立情绪因对具体事物的反应造成，产生于充分、客观的实际原因，而非决定于个性，并不被打击压制。

第七，审计人员坚定顽强。如同其他人一样，审计人员不能处于持续紧张状态，但偶尔的紧张拼搏与挑战却是对他们有益的。

第八，审计人员都有追求完美的希望或预期，有改进完善的余地。

第九，审计人员愿意成为受人重视、被人需要、有用、成功、自豪并受人尊敬的人，而不是无足轻重、落寞无闻、可有可无、被人遗弃的人。

第十，每个审计人员乐意承担责任，而不愿意被动地依赖别人，希望自己具有完整独立的人格，并愿意成为积极主动的主导者。需要注意的是，喜欢承担责任只是实现开明管理的一种前提或假设，是针对一些特定人群而言的。还有许多人是害怕身败名裂，习惯依赖和受人支配，不愿独立思考和做决定的。

第十一，审计人员具有自行选择的智慧和能力，其喜好、偏向和选择同时也是理智之举。在此假设中，需要注意的是，假设的对象是那些相对而言身心健康、品德高尚的人，否则，如果一个人丧失了根据自己的真正需要来做出明智选择的能力，该假设的适用性就将大打折扣。另外习惯、接连不断的挫折以及其他许多事情，都会干扰人的理智选择。

上述基本观点，既是改进政府审计绩效的条件，也是提高政府审计绩效水平的途径。

开明管理能够使审计人员以更加饱满的热情、更加积极的态度工作，无论是审计项目经理还是更高层次审计管理者,其对待开明管理的态度将对政府审计绩效产生相应的影响,所以通过开明管理将使审计人员行为更加有利于提高审计绩效水平。

要使专制的审计项目经理或其他管理者采取民主开明的管理方式,一方面要强调通过有意识的、人为的、自愿的努力实施转变步骤;另一方面对于消极的或精明的审计人员而言,思维模式没有根本的改变,付出的劳动似乎很多却没有创造出什么审计成果。对审计人员及其作为深层人格副产品的行为观察发现,开明管理和开明监督的测定不仅必须要包括行为、结果的数量和质量,还必须包括副产品,比如工作态度、思想方式等。

(二)实施开明管理,提升政府审计绩效水平

第一,当审计人员处于心理脆弱、恐惧、生病或情绪低落等状态时,乐意承担责任而不愿意被动地依赖别人的心理会受到影响。这种时候,他们往往会采取躲避困难、回避矛盾的态度和方式,应当深入查处的问题有可能不会投入足够的审计精力和时间,需要广泛收集审计证据的问题有可能因考虑不周而存在遗漏。开明管理强调,审计项目经理应当掌握赋予责任的时机与分寸,并将审计人员责任界定在合理承受范围内,既不太轻而使审计人员变得懒散,也不太重而把审计人员压垮。偶尔把审计人员安排在紧张拼搏状态,防止审计人员变得懒散倦怠,而且能不时挑战高标准和自己的极限。政府审计管理者应当树立这样的目标和理念,即让审计人员在生活变得更充实有趣的同时,创造了更高更好的审计绩效。

第二,即使是最脱离实际的人也不得不得出与最讲究实际的人同样的结论,即民主类型的管理者给企业创造的利润更多,给大众带来的幸福和健康也更多。这种结论不仅适用于企业业绩改进,对政府审计绩效提高更具效力。因为相对于企业利润形成过程而言,政府审计绩效不仅需要借助必要的技术手段和规范化的操作模式,而且或者从某种意义上更需要依靠审计人员个人的主观思维和判断,审计工作的结果更取决于审计人员的"心境状况"。

第三，审计绩效必须有审计人员之间的协同合作。但是，许多由人的个性导致的怨恨情感，以及怨恨情绪的传递转移和宿怨，对某类事物或标志的憎恨等，都会使良好的协作关系难于甚至根本无法形成。开明管理提倡至少是不打击和压制对某事物不满情绪表达的自由，因为它有利于培养诚实风气，改善政府审计组织环境，避免因无法公开表达正当合理的不满或愤怒情绪而产生的积怨，影响政府审计绩效改进所需要的审计工作过程中的合作。

第四，开明管理还基于这样的事实，即当人们要在快乐和不快乐之间做出选择时，如果他们以前两者都体验过，事实上他们总会选择快乐。在专制管理下，审计人员可能变得难对付和充满敌意而不会用心工作，其结果会以各种实际的负面作用方式表现出来，其中包括审计查处问题的深度、审计成果的提炼程度等审计绩效相关方面。

第五，开明管理原则的建立是对人性的潜在价值的理解。将其运用于审计绩效管理，强调了合伙关系与协同作用一样，都承认其他审计人员的利益与某一个体审计人员自己的利益是融合的、共同的、一体的，而不是分离的、对立的、相互排斥的。这一原则的运用，与绩效管理强调目标性、整体性和系统性具有共同的理论和实践基础。但是，运用这一原则时，对不同类型的审计人员应该采取什么样的不同方式，应当视其价值观念和认为什么最重要而定。也就是说，要根据不同审计人员个体所组成的群体，建立不同类型的需求满足层次。

三、建立权威机制，保障政府审计绩效

（一）权威的认知

1. 权威的内涵

权威主要包含了以下三层含义：

（1）只有当双方当事人的行为确实发生时，他们之间才存在权威关系。

（2）上级行使决策制定权力的行为模式通常包括命令和预期。命令是

关于要求下属决定采取某种行为方案的命令陈述。预期指的是该命令或信号会被下属作为抉择准则接受，意味着下属暂时放弃自己选择行为方案的权力，并使用接受命令或信号的正式准则作为抉择依据，这也是权威区别于其他类型影响的特征。

（3）既然权威关系包括一种特定的抉择准则，并且这种特定的抉择准则作为下属行为的依据，那么，上下级之间就不是时刻都处于权威关系。可能存在一段时间受一个命令的支配，而在另一段时间却不受此命令支配的情况，也可能存在下属愿意接受一项命令，而不是所有的或大部分行为抉择都接受这项命令支配的情况。

2. 权威的重要性

决定要素、管理理性、决策心理、组织均衡等内容是个人成为组织成员的过程，而权威、沟通、培训、效率和认同等是组织如何使个人的行为符合组织的总体模式的问题，也就是组织如何影响个人的决策的问题。

组织影响个人的刺激因素、决定个人对刺激因素反应的个人心理集合分别属于"外部"影响和"内部"影响，应当注意区分。

决策是从价值前提和事实前提推导出来的结论，组织对个人的影响不要把它理解成组织对个人决策的直接决定，而是组织对个人决策依据的某些前提的决定。因此，几种影响模式绝对不会互相排斥，个人决策依据的前提有些就可能是组织权威的"强加"正是权威赋予了组织正式的结构，所有影响模式中，权威主要是把作为组织参与者的个人行为与他们在组织以外的行为区分开来。

社会群体不同于人体内有一个非常完整的起到身体部位之间"刺激"传递作用的神经纤维结构，社会群体协调的实现方式是计划、传递和接受，而权威在促使成员接受计划方面起主要作用。

3. 权威的功能

（1）权威加强了个人对行使权威者的责任。

从政治和法律层面看，权威的职能是加强个人遵守群体或权威操纵人员制定的规范，例如立法机构颁布的法令，不仅被政府各级行政组织当成命令接受，而且也被服从法律的所有人接受。

（2）权威保证了决策制定过程中专门知识和专门技能的运用。

专业化的优点对决策过程和执行过程都非常重要，权威的一个极端重要的职能是获得高度理性和效力的决策。专门技术和知识的运用通常有以下四条途径：

一是尽量细分组织工作。为了获得专业技能的益处，把需要特殊技能的所有过程都交给具备该技能的人去完成。

二是尽可能分派决策职责。为了获得专门知识给决策制定工作带来的益处，把需要特殊知识技能的决策留给拥有那些知识和技能的人去制定，包括细分控制组织的大决策为大量较小的决定和每个组织成员的活动只对应少数小决定。

三是把专家安置在正式职权层级系统的某个战略位置，使其决策能被其他组织成员接受，并成为其他成员的决策前提。

四是通过组织中信息沟通渠道设计和运用等突破正式权威链，实现"观念上的权威"与"约束手段的权威"相协调，以保证决策制定中能够应用专门知识取得所有益处。

（3）权威有助于活动的协调。

专门知识和协调的作用不同，发挥前者的作用帮助采纳"好的决策"，后者的作用在于实现全体采纳一致的"复合决策"以达到预定的目的。协调的作用在于集中决策职能，用一个总的实施计划控制组织所有成员的活动。协调的途径包括"程序协调"和"业务协调"。程序协调是概括性描述组织成员的行为和关系、活动及职权范围，建立权威链，是组织本身的规定。业务协调指的是组织活动的业务内容。

（二）政府审计权威的运行和保障

1. 政府审计权威的运行

组织权威的行使可能使决策过程和实际执行过程产生很大程度的分离，

或者说组织权威的行使可能使所谓的决策纵向"专业化"成为可能。保障政府审计权威有效运行需要处理八个关系，并维护命令统一，发挥专门人才的作用：

（1）个人成为政府审计成员与政府审计影响个人的关系。

政府审计将符合其需要的人员吸纳为政府审计成员，而审计人员一旦成为政府审计的成员就必须服从政府审计的权威，认同并服务于政府审计的目标。当然，这是双向的，也是体现在过程中的。个体是否认同并参与政府审计而成其一员是个体的权力，政府审计是否接受并接纳个体成为政府审计的一员是政府审计组织的权力。成为政府审计一员后，个体必须服从并服务于政府审计的任务和目标，而政府审计也有责任和义务对其成员进行培养，使其成员在正常情况下随着政府审计的发展不致落伍或被组织所淘汰，而是与政府审计的发展需要相适应，并且伴随政府审计的发展而得到进步和提高。

（2）外部影响和内部影响的关系。

"组织影响个人的刺激因素"和"决定个人对刺激因素反应的个人心理集合"分别属于外部影响和内部影响。在政府审计绩效管理活动中，政府审计应当注意区分这两种影响。但是，完全分开考虑并不方便，因为每种影响都在所有的主要影响模式中充当一定的角色。权威必须转化为行为才能成其为权威。然而，不同成员对权威的接受程度不同，即哲学上所谓外因是变化的条件，内因是变化的根据。因此，针对政府审计的不同成员施以不同的权威是必要的。具体地说，可以针对不同政府审计成员对诱因的反应，采取相应的措施。

（3）直接决定与前提决定的关系。

决策是从一组前提——价值前提和事实前提推导出来的结论。在实际决策中，事实前提与价值前提相互关联，交错融合。绝大多数情况下，审计决策（决策实际上就是判断，究其差别只不过前者更多是包含有决定并得出结论的意思，而后者更多的是"是"与"否"的界定和辨析）是个人以组织的权威如财经法律、规章制度为依据做出的，除了对事实的认定、适用法规的采纳外，不得根据个人意志做出决策，否则将破坏依法审计、客观公正的审计原则。因此，直接决定以前提决定为条件。这种二者之间的关系存在不可逆性。

（4）组织内行为与组织外行为的关系。

所有影响模式中，权威主要是把作为组织参与者的个人行为与他们在组织以外的行为区分开来，正是权威赋予了组织正式的结构。政府审计存在于充满复杂频繁变数的更大社会组织体系之中，政府审计成员在组织内的行为不可避免地受到来自政府审计外部因素的影响，而且这种影响无时无刻不存在和发生着。因此，必须发挥权威的作用，排除政府审计外部行为对政府审计组织内行为形成负面影响，一切以政府审计组织内行为目标实现为标准。当然，这应当以政府审计组织内行为目标是正确而非错误的为前提条件。

（5）自发方式与自觉方式的关系。

自发和自觉是两种不同的行为方式。前者是由行为主体自己产生不受外力影响的行为，后者是以外力的影响和作用为前提行为主体有所认识而觉悟后的行为。为了合理、有效地配置和使用审计资源，履行审计监督职责，提高审计绩效，政府审计需要根据政治、经济形势的要求和审计资源状况，对一定时期审计工作的行动方针、目标、任务、重点、步骤及组织措施等进行事先的具体安排，形成审计计划。政府审计的各部门、各单位应当在充分认识审计计划实质和内容的基础上，按照审计计划的要求，围绕审计计划的任务和目标，合理安排审计力量，在规定时间内按照规定的质量要求履行相关职责。对于具体的审计项目也是如此，审计机关需要根据审计计划制定具体审计项目的审计工作方案，各实施单位依据审计工作方案制定审计工作实施方案，所有审计组成员应当根据审计工作实施方案明确的任务认真履行自己的职责。审计计划、审计工作方案、审计工作实施方案就是上一级审计组织（成员）权威的行使，权威由上而下发布，由下而上各行为主体采取相应行动保证权威得以实现。在此过程中，所有政府审计组织成员均应当在相应计划、方案的指导下自觉工作，排除和摒弃自行其是的自发行为，才能实现组织的整体预期。

2. 政府审计权威的保障

（1）建立审计结果的审理裁定机制。

审计报告是审计结果的载体，尽管被审计单位不同，但有很多问题在情节、性质上具有共同性。在审计报告审理过程中，应当坚持一致性原则，否则对问题的处理就会出现同样问题采用不同的处理法规，而做出不同处理决定的问题，不能真正体现客观公正的审计工作原则。由于我国社会主义市场经济体制尚在完善过程，相应的法律法规存在不完整或者互相矛盾的情况，审计过程中审计人员之间、审计与被审计之间会有不同的认识这很正常。为了保证命令的统一，维护审计组织的权威，应当依据职权分工原理，明确分歧意见和矛盾事项的裁定机构、裁定程序、裁定原则、裁定标准和裁定方法，建立裁定机制责任追究制度。这是保障命令统一，维护审计组织权威的重要机制。没有命令运行的责任追究制度，不可避免地导致滥用职权发布命令，或者命令发出得不到有效执行。

（2）建立责任追究制度。

责任追究制度不仅应当包括命令是否得到执行的追究，而且也应当追究命令发布方的责任。比如，审计过程中，审计重点不突出造成该检查的内容没有检查，存在的重大问题未发现；审计结束后，被审计单位已经接受过审计的期间和内容发生重大问题，就应当追究是审计组织上级制定的方案存在缺失，还是审计人员在审计过程中没有执行审计方案规定动作，以保证不同职位级别履行不同职能，承担不同的责任，防止职能交叉、责任不明或互相推诿责任影响审计工作质量，最终破坏审计组织权威的问题。当然，既有责任追究制度，就必须配套以奖励和惩罚为主要内容的激励和约束办法，非此难以使责任追究制度真正得到实施。

审计责任追究是与审计质量密切相关的命题。审计质量问题一般指审计人员形成的审计结论与审计证据或客观事实之间不相符。这里的"审计证据"既包括已经取得的证据，也包括审计人员应该取得而实际没有取得，但都与形成审计结论有关的证据。建立审计质量责任追究制度需要明确三层含义：首先是认定所发生的问题属于审计质量问题，其次需要明确划分责任归属，再次是对相关部门或者个人应负的责任进行追究。

（3）发挥专门人才和知识的作用。

审计经历了账项基础审计阶段和制度基础审计阶段，到风险导向审计阶段的发展历程。现代审计的范围和内容已远远超出了传统财务收支审计的范畴。审计署在其发展规划中提出了财政审计、金融审计、企业审计和经济责任审计的"3+1"审计模式，而且在这四个领域的每一个方面都有着自身独特而又丰富的内容。尽管倡导审计工作培养和造就复合型人才，但是任何一名审计人员都不可能掌握如此广博的知识，具有适应如此广博知识运用的能力，至少这是一个漫长的过程。因此，发挥专门人才的作用就显得十分重要，这从一定意义上说也是强调审计组织建设必要性的原因之一。

专门知识的作用是帮助采纳"好的决策"。专门技术和知识的运用通常有四条途径：①尽量细分审计组织工作。即为了获得专业技能的益处，把需要特殊技能的所有过程都交给具备该技能的人去完成。②尽可能分派决策职责。即为了获得专门知识给决策制定工作带来的益处，把需要特殊知识技能的决策留给拥有那些知识和技能的人去制定，包括细分控制组织的大决策为大量较小的决定和每个组织成员的活动只对应少数小决定。③把专家安置在正式职权层级系统的某个战略位置，使其决策能被其他组织成员接受，并成为其他成员的决策前提。④突破正式权威链。

第三篇

展望篇

第八章 大数据时代内部审计的创新发展研究

第一节 大数据时代内部审计的内容创新

一、大数据时代内部审计的管理创新

（一）大数据时代内部审计部门管理

1. 内部审计部门管理目标

内部审计管理是指为了保证内部审计部门和内部审计人员履行职责，实现职能，提高审计工作效率，保证审计质量而采取的一系列措施的总称。

内部审计部门对内部审计人员及活动进行计划、组织、领导、控制和协调等工作，被称为内部审计机构管理。内部审计部门的管理主要包括下列目的：

（1）内部审计目标。内部审计目标可以分为基本目标、中期目标、长期目标三个层次。

基本目标：监控。通过内部审计部门的工作，组织管理层可以了解组织管理中出现的问题，并及时采取补救行动。

中期目标：预防。内部审计工作可以帮助组织完善其运作系统，通过在运作系统内设立适当的内部控制，从而在事前预防问题的发生，而不是等问题发生、组织利益受损后才去解决问题。

长期目标：改善。内部审计工作是组织全面质量管理工作的一部分，是组织价值链中不可或缺的一环。在组织内进行适当的宣传和教育，使每个组织成员担负起组织全面质量管理的责任，形成不断完善的思想，从而增加组织价值，提高组织竞争力。

（2）促使内部审计资源得到充分利用。内部审计资源是有限的。对内部审计部门进行严格的管理，可以使内部审计资源效用最大化，从而提高审计工作效率。

（3）提高内部审计质量，更好履行内部审计职责。内部审计最基本的职能就是监督与评价。对内部审计部门进行严格的管理，内部审计部门才能更好地履行其职责，捍卫和提升其在组织中的地位。

（4）促使内部审计活动符合内部审计准则。所有内部审计活动都应当遵循内部审计准则及本组织内部审计章程的要求。对内部审计部门进行严格的管理，有助于提高内部审计工作质量，以及有效降低审计风险。内部审计部门应当在董事会或最高管理层的领导和监督下开展工作，内审机构负责人要对机构管理的有效性及适当性负责。

2. 内部审计部门的宗旨、权力与职责

必须要制定内部审计章程，以明确规定内部审计部门的宗旨、权力和职责。首席审计执行官需定期对这一章程进行审查，审查后需向董事会和高级管理层提交审批。

内部审计章程作为正式文件，规定了内审活动的宗旨、权力和职责，它明确了内部审计部门在整个组织中所处的地位，为内审机构接触相关人员、记录和资产进行授权，同时对机构的活动范围进行界定。董事会拥有内部审计章程的最终审批权。对于组织内部确保审计部门履行职责的层级，首席审计执行官则需要向其进行报告。此外，首席审计执行官还需要至少每年一次向董事会确认内审部门的独立性。内部审计章程主要包括以下内容：

（1）内部审计的宗旨

企业内设置内部审计部门，其目的是审计其他业务的工作活动。这是内部审计部门对企业董事会和上级主管的服务。内部审计是一种内部控制,其职能是对其他控制管理工作的有效性进行监督和评价。

(2)内部审计部门的政策规定

内部审计部门的职责是向企业管理部门提供信息,报告企业内部控制系统是否得当、是否起作用,并按企业既定的规章标准进行对比,以检查业务经营的质量。为了履行此职责,企业的全部业务活动都须经常审计。

(3)内部审计部门的组织形式

内部审计部门作为企业至关重要的组成部分,部门职能要根据董事会和高级管理层的政策来制定,因此,必须要确保内部审计人员在开展设计工作时的独立性。为保障这一独立性,特授予内部审计部门接触相关人员、资料和具体资产的权力。

对于内部审计部门的工作范围和地位价值,其组织体制和董事会、高级管理层的支持具有决定性作用。因此,从行政关系上,内部审计部门可以向首席执行官进行工作汇报,首席执行官主管财务工作所拥有的权力完全可以保证审计工作的工作范围,并对内部审计的结论和建议采取有力措施进行充分论证。

对于企业内部控制工作的适当性和有效性,由内部审计部门向企业董事会的审计委员会独立承担此职能责任。审计和控制的负责人至少每年要和审计委员会举行一次会议。

在工作进行中,内部审计部门对于超越其所审计的相应活动以外的事项,既无直接责任,也无权处理。因此,内部审计的审计和鉴定,不能解脱机构被审计人在其他方面应负的责任。

(4)审计的客观性

客观性对审计工作非常重要。内部审计部门的独立性不仅体现在做出正常、准确的评价和判断上,还体现在该机构的程序制定、控制管理、找人约谈、编写记录等工作能够正常进行。如果以上工作不能正常进行,那么即便评价与判断准确,也应质疑其独立性是否被保证。所以,审计必须保持客观,使之不受不利的影响。在制定审计方法和程序时,可以决定和建议采用某些控制技术和标准,但不能影响其客观性;在对经营业务和活动进行系统分析时,也可以采取技术辅助措施,但也不能影响其客观性。

(5)内部审计的范围

内部审计范围包括审计和鉴定企业内部控制监督体制和业务经营性质,按照企业目前执行的既定责任标准予以衡量,以检查其适当性和有效性。企业各方面的审计和鉴定范围包括下述各点:

第一,财务及生产等信息,票证检验的方法、手段和分类,以及报告资料等是否可靠。

第二,生产体制是否符合相关政策计划、完整程序、法律法规和规章制度,其设置与组织机构是否一致。

第三,资产的保护措施是否健全和完善,并对实际状况进行核实。

第四,所雇用的人员是否充分发挥出应有的效率和经济作用。

第五,生产业务和项目程序的效益是否符合既定目标,是否按照制定的计划进行。

审计工作和控制工作的负责人,通常还担负着执行审计政策、指导全企业内部审计活动的职责。

企业负责相关工作的副总裁及相应的主管人员有为内部审计人员提供便利的责任,要充分保证内部审计人员能够及时、准确地查阅到相关人员、记录和具体资产,并充分落实内部审计人员提出的具体意见。

3. 编写年度审计计划

内部审计部门要以组织风险状况、审计资源配置和管理需要等情况为依据进行年度审计计划的编写工作。

年度审计计划对整个年度的审计工作任务进行事先规划,即内部审计部门对年度内所有审计项目的统一安排,其目的是充分履行部门职责,为年度审计工作的指导、检查和考核提供依据。年度审计计划是整个组织年度工作的重要组成部分。制定、实施合理的年度审计计划,并对实施情况进行及时检查，能够确保年度审计工作的顺利进行，有利于完成年度审计任务、实现审计目标、合理利用资源、提升工作效率。

4. *内部审计人力资源管理*

组织机构要根据目标、规模、性质和治理结构等，来设置相应的内部审计部门，同时还要配备具有相关资格的审计人员。内部审计人员要具备一定的知识技能和相关能力，以满足岗位职责的要求。同样，内部审计部门人员要从整体上具备一定的知识技能和相关能力，以满足部门职责的要求。

（1）确立人才需求计划

科学合理的组织架构是内部审计部门有效开展内部审计工作的重要保证。一个较为成熟的内部审计部门的人员组织架构一般如下安排：

第一，审计人员。内部审计部门的核心人力资源便是审计人员。一个合格的内部审计人员应该达到以下要求：

一是具备过硬的专业能力。内部审计人员应具备专业知识技能和相关能力，以履行工作职责。能力包括：①熟练运用内部审计标准、技术和程序是必需的能力；②与会计原则和技术相关的专业能力，这是广泛涉及财务报告和记录的内部审计人员所必须具备的能力；③了解会计学、经济学、金融、税收、商法、计量方法、信息技术等基本内容。内部审计人员整体上应该具备在组织内履行职能所必需的知识和技能，因此，内部审计部门负责人应当每年对内部审计部门的知识和技术构成进行分析，帮助整合内部审计人力资源，以保证内部审计工作质量，帮助组织增加价值。

二是具备良好的交流沟通和书面表达能力。在内部审计工作中，内部审计人员与组织管理层和其他相关人员有着紧密的联系，与组织内外各种相关人员进行沟通、协调，是内部审计工作正常开展和顺利完成的重要基础。因此，作为一个合格的内部审计人员，应当具备合理的沟通能力、流畅的口头及书面表达能力，能够处理好人际关系，与业务客户保持良好关系，以便清楚有效地表达业务目标、评价工作、结论和建议等事项，并获得业务客户的支持。

三是具备良好的职业道德和思想品质。内部审计人员要保持独立的思想，要避免偏见，对被审计单位做出公正的判断意见；在开展工作时，要做到公正、客观、独立、勤勉，不能从被审计单位处获得利益，以损害职业判断；要严守诚信原则和保密性原则，以高度的职业性与责任感为组织服务，按照相关规定使用所获取的资料。

四是依据职权给予适当的人员编制。人员编制一般有四级，其组成情况包括：①内部审计部门负责人。负责整个内部审计部门的目标设定、政策制定、制度建立、机构管理，以及年度审计计划和审计报告的最终审核等工作；②审计项目小组负责人。负责指定审计项目的全部审核工作，规划及掌握审计项目的有关工作，并对内部审计人员进行指导、监督；③审计人员。负责规划指定范围内的具体审计工作，并指导、监督审计助理人员的工作。在一些规模不大的组织内，内部审计部门最低阶人员便是此级人员，则由其个人单独执行审计工作，并受审计项目小组负责人的监督；④审计助理人员。作为刚刚从事内部审计工作的新人，须有人指导、监督其实地审计工作，才能掌握工作重点，提高工作效率。

第二，行政人员。为了内部审计部门能够有序运作，需要一定的行政人员。根据成本效益的原则，在规模较小的组织，行政工作可以由内部审计人员兼办。在规模较大的组织，内部审计部门审计人员较多，行政工作较繁重，这时需要有专职的行政人员从事各项行政工作，发挥支持内部审计工作的功能。

（2）内部审计人员的培养

内部审计部门的另一项重要工作是审计人力资源的培养。内部审计人员应在职业发展的过程中努力增加知识，提升能力。

在许多大型组织里，内部审计人员参加正式的内部培训课程，包括课堂培训、导师制、现场培训等。此外，有些组织通过对在职内部审计人员进行交叉培训，使其能够熟悉整个组织的情况。有些组织采取更为灵活、宽松的培训方式，让内部审计人员自己制订个人培训计划。

审计人员执业资格考试是内部审计部门可以使用的有效培训方式。有不少内部审计部门都对内部审计人员通过考试取得专业资格持坚决支持的态度。

因为不同的内部审计人员有着不同的背景和经验,"针对内部审计人员胜任能力模型提出的要求,编制相应的评估问卷,对内部审计人员进行技能测试及评估,并根据评估结果制定培训计划,选择相应的培训课程。该考核评估结果也可为审计人员的职称职务晋升提供一定的参考。"[①]

(3)内部审计人员的业绩评价

在监督招聘和招聘方法选择的效果、做出增加报酬和提拔决策、评价培训计划及确定培训需求时,衡量和评估内部审计人员的个人业绩就显得十分重要。此外,在对内部审计人员的个人业绩进行评估时,内部审计部门负责人能够同时搜集到有助于评价整个内部审计部门业绩的重要信息。我国和国际内部审计准则都要求内部审计部门建立有效的质量控制制度、内部激励约束制度,对内部审计人员的工作进行监督、考核,评价其工作业绩。业绩考评可以通过定期的内部评价、持续的质量保证监督和定期的外部评价等多种方式进行。例如,可以客户满意度、审计工作质量、后续教育水平、资格证书等为基础,对内部审计人员做出评价。业绩评估结果应当记入档案,以建立和保持内部审计人员的成长记录。

业绩评价是影响内部审计人员行为的有力工具。因此,在制定业绩评价标准时,内部审计部门负责人应当考虑这些标准是否会损害内部审计人员的独立性和客观性,是否能够激励内部审计人员,使其目标与组织目标保持一致,为组织增加价值。

5. 审计过程中的沟通管理

(1)组织内部沟通的管理

对内部审计活动计划、资源需求和重大临时变化等,首席审计执行官需

---

① 余中福,李涛,王聪,等.我国企业集团企业内部审计人力资源管理探讨[J].会计之友,2013(05):95.

要向董事会和高级管理层报批，此外，首席审计执行官还必须与董事会和高级管理层沟通资源受限制的影响等内容。

有效的组织内沟通的好处，具体如下：

第一，内部审计部门与董事会之间公开和详细的沟通有助于改善组织治理。

第二，有效的沟通也是建立"客户"关系的基础，无论内部审计部门是服务于董事会、管理层还是其他主体，都必须清楚地界定其活动并传达给这些主体。内部审计人员必须利用沟通技巧，说服客户接受其建议。内部审计人员可以通过及时的反馈，召开事前、事中、事后的项目会议对客户需求进行讨论，让客户完成项目的某些方面，就审计过程中出现的问题积极进行沟通等方法来改善与客户的关系。内部审计人员如果能使用有效的协商策略，创造双赢，不但使客户愿意执行审计建议，同时也增进了双方未来的合作关系。

第三，内部审计人员在小组内部和小组之间可以进行持续的互动交流。内部审计负责人应当积极促成内部审计人员之间工作经验、审计成果的沟通，以便更大程度地实现审计部门内部的信息交换和共享，扩大以前审计成果的应用面，为更好地开展内部审计活动服务。

（2）组织外部沟通的管理

对于大中型国企而言，需要以国家规定和工作需要为依据，委托中介机构进行年度财务报表审计和资产评估等工作。企业内部审计部门应积极配合外部审计机构的工作，做到保持内外联系、顺畅内外沟通，协调执行好与外部审计相关的工作。加强内外部审计协调，是节约内部审计资源的重要措施。

在协调内外部审计工作时，首席审计执行官还应当对其他确认和咨询服务提供方工作的范围、目标和结果有清晰的了解。内部审计负责人应确保内部审计工作不与外部审计工作重复，内部审计可以利用外部审计成果来保障内部审计适当的覆盖面。内部审计应当加强与外部审计之间的协调，在制订审计计划时，充分考虑外部审计因素，尽量避免工作重复，最大限度地节约内部审计资源。

企业内部审计部门要积极协调好外部审计机构对本组织开展的审计工作。虽然在范围、目标和重点方面，外部和内部审计部门有所区别，但在一定的范围内对审计工作底稿和彼此的工作质量进行必要的沟通与交流，能够达到降低审计成本、减少重复审计内容、提升审计效率、充分利用审计结果的目的。因此，内部审计部门在制订年度内部审计计划时，也要将外部审计工作纳入考虑范围内，从而将重复性工作量降到最低。

（二）大数据时代内部审计项目管理

1. 内部审计项目管理目标

一般来说，内部审计项目管理应达到以下目标：

（1）内部审计工作实现经高级经理层和董事会通过的内部审计活动章程所规定的总体目标并履行章程所规定的责任。

（2）内部审计活动的资源得到有效率、富有成果的使用。

（3）内部审计工作的开展遵循《国际内部审计专业实务框架》（2017）。

2. 内部审计项目管理要素

内部审计项目管理包括主体、对象和标准三大要素。主体是指项目审计主体，加强对项目审计主体的管理是项目审计管理的主要因素；对象是指项目审计过程，项目审计过程是项目审计产品的生产加工过程，主要体现在审计证据的搜集和审计报告的编制过程；标准是指衡量审计过程和审计结果优劣的尺度。

（1）审计主体管理

内部审计人员的专业素质在很大程度上决定了内部审计工作的质量。优秀的内部审计工作组通常具有高效、精干、协调的特点。要建立一个优秀的内部审计工作组，首先，要挑选一位具有较高政策水平、较强专业能力和丰富工作经验的人员担任负责人，从整体上把握项目进展；其次，要对工作组成员进行合理调配，设置合理的队伍结构，明确每一位成员的具体责任，鼓励成员之间多进行交流，积极钻研业务，提高整体工作质量。

在审计工作开展过程中，由于每个工作组的成员所进行的工作都是由整体审计内容分解而来，因此有可能会出现由于分工而造成的遗漏脱节或重点不突出等问题。为了发挥内部审计小组的整体作用，就要积极做好审计组的内部协调工作。审计小组负责人应当及时召开审计组会议，分析审计发现，明确下一步工作。如果在工作中遇到重大问题或疑难问题，则应召开小组会议，从实际情况出发，更深层、更详尽地确定取证方法，调整审计力量。

（2）审计对象管理

在内部审计人员按要求对被审计单位的问题进行取证后，要进行必要的核对。核对人员要注意取证人员的判断和认识是否正确，证据的收集过程是否符合有关规定，并对所取证据进行全面的分析及鉴定，判断证据是否恰当合理且具有证明力等。在编写审计报告之前，要在审计组内对问题的性质、报告的结构、具体措辞等开展积极讨论后，再进行编写，最后由审计组讨论通过。这一流程可以提升审计报告的质量，有效减少报告修改的工作量。

（3）审计标准管理

审计评价标准必须坚持以下原则：

第一，相互制约原则。处理每一项经济业务的全过程，或全过程的几个重要环节，都不能由一个人包办，必须经过几个部门或几个人之手，按一定程序共同分工负责，以充分发挥部门之间和人员之间的相互制约、相互牵制作用。

第二，记录完备原则。对企业的经济业务进行分类、整理、总结、监督应有足够的、合法的、完整的、正确的记录，以保证企业所发生的所有重要经济业务都有详细的记录并反映在会计报表中。内部审计部门的审计活动也应记录完整。

3. 内部审计项目管理过程

内部审计负责人有责任保证内部审计项目的执行满足经济性、效率性和效果性。

（1）制订审计计划。内部审计人员的所有工作业务都需要有书面计划，计划内容包括：范围、目标、时间安排和资源分配等。在制订计划时，需要将与业务相关的组织战略、目标及风险考虑在内。制订科学、合理的审计项目计划是内部审计项目管理的第一步。在制订审计项目计划时，内部审计人员须确保既定项目符合内部审计计划目标的要求。审计部门负责人应当提供他们在管理需要和期望方面的经验和知识。他们理解各业务部门经理应付内部审计人员的方法，因此，他们应当参加首日审计会议，引导和观察审计项目的开始，同时也要借鉴审计项目负责人的经验。

（2）对审计对象的初步检查。对被审计单位的初步调查计划应当得到内部审计部门负责人的批准。内部审计部门负责人在观察到重要的审计结果时，应当指导审计人员怎样向被审计单位了解情况。

（3）制订审计实施方案。要在审计项目开始时制订出可实施的方案。要做好审计工作开展前的调研，充分了解这一项目中的重点事项、被审计部门的情况、内部控制制度和整体业务流程等，这样所制订的方案才能够科学合理、切实可行。审计项目负责人负责编制审计方案。内部审计部门负责人应该批准最初的审计方案，并批准对其所做的任何修订。内部审计部门负责人也应该清楚方案执行的情况。

（4）现场实施。内部审计部门负责人应该定期巡视审计实施现场，检查审计工作是否按照审计实施方案中制定的程序完成。内部审计实施过程中最重要的资料是审计工作底稿，工作底稿必须不折不扣地按照审计准则的要求进行编制，要以充分可靠的审计证据为基础，在编制的质量方面要做到内容完整详尽、记录准确清晰、结论全面明确，要能够如实客观地反映出审计计划、审计方案的制订与实施等的实际情况，还要包括审计结论形成的相关重要事项。必要时，内部审计负责人应抽查审计工作底稿，如果内部审计人员知道自己的工作底稿将要被检查，很可能会对此倍加关注。内部审计部门负责人通过现场观察和定期报告，可以密切关注审计预算和进程，特别是未解决的方案步骤等问题。

（5）撤出审计工作小组时的面谈。无论是对纠正行动或对内部审计部门与被审计单位的关系，这种面谈都十分重要，内部审计负责人应尽最大可能参加这些会议。

（6）撰写报告。在内部审计人员编制审计报告前，应当先编写草稿的大纲。内部审计部门负责人应该认真审阅和批准大纲，然后内部审计人员再依据经过复核的审计工作底稿和相关的审计证据，并且在编制的过程中遵守相关质量要求，撰写审计报告。

（7）审计报告的审阅。内部审计部门负责人应该努力参加所有的审计报告审阅。如果与被审计单位发生争执，他们所持的客观态度可以给审计项目负责人提供帮助。内部审计部门负责人必须是一个审慎的审阅者，他们务必使最终报告避免差错或措辞有误。

（8）审计项目结束。内部审计部门负责人应该在审计工作底稿和审计报告归档前，审阅这些文件，以确定其是否完整。如果所有需要的纠正行动在项目结束前都已执行的话，内部审计部门负责人应该对此感到满意。

（9）审计档案的管理。内部审计部门要建立完善的审计档案工作管理制度，对审计档案管理人员提出明确的要求和责任。内部审计人员要根据管理制度按项目立卷，不同的项目单独立卷，对于跨年度的项目则需要在审计终结的年度立卷。在立卷过程中，内部审计人员需要以档案材料的价值和相互关联为依据，以审计报告的相关需要为标准，整理、鉴别并选取需要立卷的档案材料，归集形成审计档案。

审计档案材料应当按照以下四个单元进行排列：

一是结论类。结论类材料可按照审计程序和其重要程度进行排列。

二是证明类。证明类材料可按照与所列出的审计事项相对应的顺序以极其重要程度进行排列。

三是立项类。立项类材料可按照其形成的时间顺序和其重要程度进行排列。

四是备查类。备查类材料可按照其形成的时间顺序和其重要程度进行排列。

在条件允许的前提下，内部审计部门可以建立电子审计档案。内部审计部门在完成审计项目之后，以审计项目为单位，按照相关要求向档案管理部门办理电子档案移交手续。档案管理部门和内部审计部门可以结合自身实际情况，以国家法律法规、组织内部规定为前提，对审计档案的保管期限进行合理确定。内部审计部门应建立健全档案使用制度，通常情况下，审计档案的借阅仅限于内部审计部门内。内审机构外、组织外的部门和单位如果要对审计档案进行查阅或要求出具证明时（除国家相关部门依法查阅），则必须通过内部审计部门负责人或组织领导的批准。

此外，内部审计部门还可以运用以下辅助工具，对项目管理工作进行完善，以保证审计项目管理与控制得以有效开展：①审计工作授权表；②审计任务清单；③审计工作底稿检查表；④审计文书跟踪表；⑤其他辅助管理工具。

二、大数据时代审计制度与质量保障

（一）大数据时代内部审计制度的建设

内部审计制度是指内部审计部门和人员必须共同遵守并严格执行的规范化的各项规定，比如对内部审计部门的设置、审计人员的委派、审计工作方法和程序的制定以及审计工作计划等。完善的企业内部审计制度，是与企业实际情况相结合的"产物"，对于规范企业内部审计工作、加强企业制度建设以及带动企业取得规范化、前瞻性发展有重要意义。

而想要达到内部审计工作的正常有序开展，最基础的做法是建立健全以下三项内部审计制度：

1. 内部审计章程的制定

内部审计章程是为规范企业内部审计工作，明确内部审计的职责和权限，发挥内部审计在强化内部控制、改善经营管理、提高经济效益中的作用，依据相关法律法规，以企业实际情况为出发点，以书面形式呈现，经企业最高层予以批准而制定。

内部审计章程是确定内部审计工作宗旨、工作目标、工作方法、权力和职责的正式文件，直接对企业最高管理层负责。它的制定，可以通过规范化、系统化的方法，为最高管理层系统地提供建议和咨询数据，从而评价和改进企业及其下属单位的组织机构、人员安排和经营管理行为，帮助企业最高管理层明确内部控制的有效性和财务信息的真实性，实现企业年度工作目标。

一般而言，内部审计章程主要包括以下内容：

（1）成立内部审计部门的宗旨。

（2）内部审计部门在整体组织架构中有怎样的地位，并采用何种方式开展工作。

（3）健全的审计报告制度。

（4）企业及其下属企业内部审计部门及成员之间的关系。

（5）内部审计人员应当具备的条件。

（6）内部审计部门的具体职能。

（7）内部审计部门需具备的在审计工作开展过程中，与相关人员、财产等接触的授权。

（8）确立明确、清晰的内部审计工作流程。

（9）确立严谨、规范的内部审计工作管理制度。

（10）确立公平、公正的内部审计工作奖惩制度。

（11）明确内部审计部门在制定审计制度时需具备的权力和需要的流程。

2. 内部审计的操作性制度

内部审计是企业内部经济监督的一种形式，是企业实现效率化、规范化、长远化经营的重要途径，因此内部审计工作的可操作性是制定内部审计工作目标、流程、方法、计划等的重要前提。它是更为细化的章程内容体现，对确保企业内部审计工作有效开展具有重要的指导意义。

3. 内部审计的工作手册

内部审计手册是内部审计人员工作规范体系的重要组成部分，是开展内部审计工作过程中，处理某一项工作或针对企业内部审计中的重要内容的方法指南。它对于规范内部审计人员的工作行为，促使内部审计人员恪守客观、公正、公开、平等的审计原则，有效地发挥内部审计工作的重要作用，实现内部审计目标有重大意义。具体而言，内部审计手册主要包括以下内容：

（1）内部审计部门的目标与权限，及职能划分。

（2）内部审计部门的组织架构与管理方法。

（3）内部审计部门的人员设置及岗位职责。

（4）内部审计部门的主要工作流程。

（5）内部审计质量评估与监督程序。

（6）内部审计过程中的规范标准和奖惩措施。

（7）内部审计过程中的注意事项。

设计并制定内部审计手册的过程中，需要明确的一点是：不同规模的企业要依据现实情况制定内部审计手册，在内容选择上要做到取舍得当，小规模企业要适当放宽，大规模企业尽量严格执行内部审计手册的基本内容设置。

（二）大数据时代内部审计质量的保障

内部审计质量是指内部审计工作的规范程度和审计作用的发挥水平，是审计工作水平的综合反映和集中体现，是审计工作和企业经营管理得以改善的重要依据。内部审计工作相对于外部审计而言，没有审计机关行为的介入，没有审计工作完成周期的时间限制，更具有不受限性、随意性、灵活性，同时带来的问题是对内部审计工作完成质量的担忧，以及内部审计工作过程中是否真正做到公平。内部审计工作直接对企业最高领导层或董事会负责，只有加强最高领导层对内部审计的监督管理，完善相应的法律法规，由内部审计相关人员严格落实制度要求，并根据最高领导层的评价意见进行改正，才能有效提高内部审计工作质量，夯实企业稳定发展的关键环节。

1. 内部审计质量保证和改进程序

为了确保内部审计工作的顺利实施，首席审计执行官建立并维护涵盖内部审计活动所有方面的质量保证与改进程序，以保证下列目标的实现：

（1）内部审计人员根据内部审计章程开展工作。

（2）内部审计人员以有效及高效率的方式开展内部审计活动。

（3）内部审计工作有效改善受益方的经营情况，提升其经济效益。

对内部审计质量满足利益相关者期望的程度，运用内部审计质量保证和改进程序进行评价和提升，不仅包括监督内部审计活动执行情况，还包括独立规模企业的自我评估及定期的外部评估。因此在设计内部审计方案时，应以是否能够有效提升企业的经济效益和社会价值，以及是否能有效推动内部审计工作正常开展为标准。

有效的内部审计质量保证与改进程序，需要全体内部审计人员增强质量意识。内部审计部门可以通过开展审计业务培训、学习最佳实务、审计质量攻关模拟等多种措施增强内部审计人员的质量意识。此外，建立健全目标责任制，将内部审计质量作为评估内部审计部门及工作人员工作效率和工作成果的指标之一，通过优胜劣汰的自然法则，实现内部审计人员的"更新换代"。

2. 内部审计质量评估的内部评估

内部审计质量评估主要包括以下内容：

（1）内部审计工作过程中，审计人员及其他相关人员是否具备开展内部审计工作的专业技能和道德素质。

（2）内部审计人员组织架构和正常开展的机制保障，以及审计工作过程是否合理、合规。

（3）内部审计工作开展过程中所借助的技术和工具是否发挥实际作用。

（4）内部审计工作相关利益人的满意度和认可度。

（5）内部审计的检查结果是否对企业的长远发展产生了预期的价值。

（6）内部审计过程的定期监督结果。

（7）定期自我评估和其他形式的外部评估。

内部审计质量评估是一个在明确的审计计划前提下开展的不断检查、改进、再检查、再改进的过程，各个阶段所反映的问题应当在进入下一个阶段之前得到解决，因此建立一个健全的、科学的、由首席审计官监督管理下的监督体系，对于提升内部审计质量十分有必要。

持续监督是对内部审计活动进行日常监督、检查和测试的组成分。持续监督应纳入管理内部审计活动的日常政策和实践，运用必要的流程、工具和信息对内部审计活动是否遵循相关准则做出评估。持续监督的范围可以延伸到内部审计人员培训和开发、业绩评价、时间和费用控制等领域，取决于内部审计人员的专业水平和经验及业务的复杂程度。与监督有关的证据应该得到记录和保存。

3. 内部审计质量评估的外部评估

企业内部审计直接对最高领导层负责，但是同样需要受到由最高领导层或董事会讨论并批准成立的外部评估小组的监管。所谓外部评估，是指政策评估主体不属于制定和执行政策的系统，而是独立于系统之外存在的机构，通过运用一套完整、健全的外部评估与反馈机制，对企业内部审计的结果进行评估、总结和分析，以改进内部审计工作质量和效率。外部评估的确立需要首席审计执行官与董事会进行讨论，确定外部评估的形式、频率、独立性等内容。此外，除企业内部审计组织架构合理、人员配置符合内部审计用人要求、内部审计相关规章制度健全、内部审计工作公正展开且质量较好的情况外，外部评估工作可酌情延长频率和周期；否则，需要严格落实每年至少五次的外部评估工作，以评定内部审计是否合理、合规，是否具有整改必要，以及整改意见的采纳。

（1）外部评估范围

外部评估与内部审计活动相同，评估范围都应该具备以下五个要素：

一是合法性。外部评估的覆盖范围应当以相关规定为依据，进行审计活动的章程、工作手册、工作方法、工作流程等的设计。

二是未来性。这主要指的是外部评估内容应包含有董事会或最高领导层对于审计活动的未来预期。

三是相融性。这是指将内部审计部门的审计过程与董事会或最高领导层的"管"与"治"有机融合，达成预期审计结果。

四是技术性。与内部审计活动相同，外部评估活动的开展需要借助现代科学技术手段。

五是专业性。外部评估要求相关具体工作人员的素质、经验、技能、知识结构等要符合专业性的要求。

（2）外部评估的通报结果

开展审计工作的最终目的是通过审计数据进行企业经营情况评估，进而改善企业经营短板，转变经营劣势，从而提升企业的经营效益。在这个过程中，审计检查结果作为企业董事会或最高管理层衡量企业发展情况的重要依据，应当对此进行多次讨论和修正，并将最终检查结果报至明确开展审计工作的责任人或企业最高管理层相关人员，以便其尽快知晓结果、修正方向。

最终的检查结果应当是在审计活动结束后，由评估小组向批准开展此次审计活动的组织或个人出具的关于此次审计工作的书面报告，需要包括首席审计官针对此次审计活动的重要意见和改进措施建议以及可行性的执行计划。具体而言，审计检查工作的最终结果通报，应当包括以下内容：

第一，就内部审计结果是否符合相关法律法规和所制定的规章制度，明确个人观点，给出个人意见。

第二，收纳在审计过程中，处理部分问题时的处理方法和其他更好做法。

第三，针对最终检查结果反映的部分问题，给出个人改进意见。

第四，反映首席审计官关于行动计划和实施时间的观点。

如果未能及时通报最终检查结果，需要由首席审计官与最高管理层讨论最终检查结果，并就审计内容的问题制定纠正计划。

（3）不同外部评估主体实施的外部评估

第一，由外部审计人员进行的外部评估。内部审计组织的外部检查有时由外审计事务所进行。在外部审计事务所审计部门进行外部检查时有一种危险，即不能从内部审计从业标准的角度去检查，而是根据事务所从业标准去检查。因此，组织的高级管理层有必要保证审计事务所充分理解和采用内部审计从业标准作为其从业大纲。

第二，同行评估。进行外部检查的另一种方法是由其他企业的资深内部审计人员执行检查工作。几个企业的内部审计部门负责人可以组成一个审计组，轮番对这些内部审计部门进行检查。但是，这种同行评估的方式有可能损害评估的独立性，或至少形式上损害。还有另外一个极端，就是可能会有这样的风险，即检查产生的批评可能会在相互检查中导致报复性的批评。高级管理层会觉得同行评估可信度不足，也有可能不希望其他企业分享保密性信息而对这种检查心存戒备，导致检查难以有效开展。

第三，由专家进行的外部检查。许多职业团体都有资深专家，这些专家比其他方式的检查人员更独立于内部审计部门，更能排除实际偏见。但从另一方面来讲，专家评估需要付费，这就涉及专家的独立性是否受损的问题。较明智的做法是由高级管理层支付费用，而不从内部审计部门的预算中支出。

第四，国家进行的外部检查。与西方国家审计机关不干涉企业内部审计工作不同，中国企业的内部审计是国家审计监督体系的重要组成部分，企业内部审计要接受社会主义审计监督体系的监管，通过各级审计机关开展对内部审计部门审计业务质量的检查和评估。我国国家审计机关还通过内部审计协会等多种途径指导、监督和管理内部审计工作的标准和质量，完善对内部审计组织的管理。

4. 独立审定的自我评估

部分小规模企业的审计活动难以负担由合格的、独立的检查人员或检查小组对其开展外部评估，或组织内存在其他情况，于是诞生了"独立（外部）审定的自我评估"。与内部审计不同，独立审定的自我评估具有以下特征：①虽然不同于外部评估，但是应以外部评估过程为参照，进行严格的自我评估；②由专业检查人员完成评估过程；③时间相对缩短，资源需求相对减少。一些不必要的过程，如会谈等可以减少或直接省略。

但是，独立（外部）审定的自我评估同样需要满足的要求包括：①具备明确、清晰、长远的总体目标和计划；②具备专业、规范的检查和评估人员；③具备公平性、公开性、公正性，如人员构成、职能划分、方法技术、高层批准等；④具备健全的评估结果汇总及完善的整改措施。

尽管全面的外部检查对于内部审计活动能取得最大成果，独立审定的自我评估方式也为较小规模企业进行内部审计提供了新的方法。但是，人们仍需认识到：内部审计依然是提升企业经营质量、改善企业经营弊端、增加企业经营收入的重要途径。因此，情况允许的前提下，独立审定的自我评估只可作为内部审核的阶段性环节，全面的外部评估仍旧不可取代。

第二节　大数据时代内部审计方法与技术创新

一、大数据时代内部审计方法

大数据审计是在大数据环境下的电子数据审计和信息系统审计，要想了解、掌握电子数据审计，需要了解电子数据审计的相关基础知识。

（一）电子数据审计

1. 电子审计证据与取证

（1）电子审计证据

电子审计证据是用来支持审计工作的任何生成的、经过处理的、传递的、记录的，或者以电子形式的保存的电子证据信息。电子证据信息的来源只能是合适的技术和设备。电子审计证据主要包括原始文档、会计记录、日记账、总账、支持性文件或者其他可使用的电子审计信息及数据。

电子信息作为审计证据出现，需要证明它的可靠性。一般来说，创建电子信息的人或物要有一致性。电子信息还要有完整性，在信息的生成、处理、维护、传输、存储时，保存完整，没有受到有意或无意的更改甚至破坏。除此之外，电子信息的准备、更正、修改、处理、接收、发送等操作需要授权人或负责人来进行授权才能操作。认可性接收和发送信息的部门不能不承认对信息内容的交换和批准的参与。可以将电子信息分类分为原始认可、收据认可、内容认可。

（2）审计取证

在一般情况下，审计需要通过审阅法、盘存法、复算法、函证法、鉴定法等方法，收集证据证明审计目标。不同的审计证据会形成不同的审计目标，审计人员可以以合理的充分的审计证据，形成自己的审计结论。对于审计而言，审计证据的重要性不言而喻，因此，审计人员需要重视审计证据，审计证据是整个独立审计过程和审计结果的基础和依据。除此之外，审计人员还要重视选择审计证据，确保审计证据的质量，降低可能出现的风险。随着时代发展，审计证据的获取一般是通过信息技术处理电子数据，然后分析数据，通过分析数据找出数据的可疑之处，再审计判断可疑数据，获取审计证据。

在审计数据分析的过程中，审计人员需要将被审计单位提供的原始电子数据、使用的电子数据的数据库系统名称、电子数据的具体数据表名称、分析处理方法、数据分析的详细过程以及产生的分析结果等妥善保存，以便作为审计取证单的附件材料归档。由于在审计数据的采集、预处理和分析过程中难免出现人为处理错误等情况，所以，在可能的情况下，应先将审计数据分析的明细结果交给被审计单位，征求意见，经双方认定后，再将分析结果具体化为纸质资料，由被审计单位签字确认，作为审计取证资料。在审计过程中，如果只是发现了问题的苗头，应该根据线索延伸审计，进而发现与核实问题，最终实现获取审计证明材料的目的。

2. 电子数据审计流程

随着时代发展变迁与电子技术的应用普及，审计方法也出现质的改变。相比传统的手工审计，现在信息化的审计方法和操作方式更方便。但是与此同时，需要注意审计步骤：①审计数据的采集。需要采集被审计单位的系统数据。②对审计数据预处理。提前对数据进行分析和处理，转换成审计数据需要的审计形式。③对审计数据进行分析。采用专业的方式手段分析审计数据，寻找发现审计线索和证据。

（1）审前准备阶段

第一，下发审计通知书在到被审计单位开展审计时，需要向被审计单位下发审计通知书。

第二，审计实施前，需要进行审前调查。具体而言，在调查被审计单位前，应该调查被审计单位的组织结构和信息系统的分布情况、总体应用情况。

第三，根据调查组织分布情况，确定审计的目的，根据信息系统的重要程度，确定需要全面调查和了解的子系统，调查内容应该包括系统开发程度、软件硬件系统、相关技术文档、系统的数据库、功能、管理员的配备等。审计调查的目的是帮助审计人员提前全面了解被审计单位系统的情况及其信息系统和审计数据，这样审计人员可以更好地选择审计证据，满足调查需求，进一步确定审计数据的采集对象、方式等。

第四，制订审计实施方案。在审前调查的基础上，需要根据审计项目情况，制订审计实施方案。

（2）审计实施阶段

第一，采集审计数据。审计人员以调查开始前提出的需求为基础，和被审计单位相互支持配合，通过一定的技术手段，比如复制数据、利用中间文件采集数据、开放数据库采集数据等方式，获取被审计单位的所需审计数据。

第二，提前处理审计数据。审计人员必须提前处理审计数据以防被审计单位刻意更改数据、瞒报数据等，也为了防止数据因来源复杂、信息代码化、格式不统一等原因出现导致数据失真。提前处理数据，可以帮助审计数据更好地为审计人员所用，提高审计数据的可利用率。审计数据作为审计结果评判的基础，提前处理审计数据很好地保护了审计数据的真实性，这也就很好地保证了审计结果的真实性。

第三，分析审计数据。获取到提前处理的审计数据后，需要对数据进行不同角度、不同层次的分析，并从宏观角度抓住审计重点，抓准薄弱环节做重点突破。与此同时，对重点问题重点分析，采取适合的方式，分析审计数据。通过对被审计数据进行分析，发现问题的线索，与被审计单位对这些问题进行确认和沟通，最终形成审计证据。

（3）审计报告阶段

在完成审计取证的基础上，基于以上获得的审计证据，审计人员编写审计报告。

第一，编写审计报告征求意见书。为了使审计报告能更准确地表达审计结果，减少审计风险，在形成正式审计报告之前，还需要编写审计报告征求意见书，对审计报告中的相关内容向被审计单位征求意见。

第二，编写审计报告。在完成审计报告征求意见书的基础上，编写审计报告。

3. 电子审计数据采集

电子审计数据的采集是审计人员按照审计需求从被审计单位的系统信息或者其他信息来源中获得电子数据，用于电子数据审计，完成审计任务的过程。审计数据的采集一般是通过采集被审计单位的信息系统或数据库中的电子数据和备份数据，除此之外，审计人员还可以从市场监督管理局、税务局等部门获取和被审计单位相关的审计数据。

(1) 审计数据采集的特点

第一，选择性。审计数据采集的选择性是为了数据审计顺利进行，由审计人员所采集的和本次审计需求有关联的数据。由于审计人员在采集数据前，需要认真研究审计范围、审计重点、审计内容，并且还要结合审前调查提出相应的数据需求，因此在数据采集前，能确认审计数据采集的范围、重点、内容，尤其是在不能采集全部电子数据的情况下，特别需要认真确认审计数据的采集工作。

第二，目的性。审计数据采集的目的是，采集审计数据是为保证审计证据的正确和数据分析的正常进行，从而发现审计的线索，为审计证据做好基础准备工作。电子数据审计工作具体内容包括：①采集审计数据，也就是对被审计单位系统中的信息进行数据采集；②提前处理审计数据，要对采集的信息进行数据分析和理解，并且将信息转换形式满足审计数据的需求；③进行审计数据分析，也就是审计人员通过相关的软件和专门的审计软件，分析被审计单位的电子数据，进而获得审计线索和证据。

因为审计数据的采集是电子数据审计的第一步骤，所以具有一定目的性。明确目的后才能为后续的审计数据分析获得审计线索，为审计证据做好准备。

第三，可操作性。审计数据采集的可操作性是审计人员采集被审计单位的审计数据时，可以选择最适合被审计单位的审计数据采集方案。由于审计数据采集有很多种方法，所以在执行审计数据采集时，一定要了解被审计单位的具体数据情况，采用最适合的采集方案，降低后续审计的风险和成本。

(2) 审计数据采集的方法

第一，复制。复制的采集方法是指审计人员在采集被审计单位的数据时，只需要将被审计单位的数据库的信息，直接复制到审计工作的计算机中。

第二，通过ODBC接口采集。指审计人员在采集被审计单位的数据时，通过ODBC接口，直接将信息转换成审计所需要的信息格式。

第三，通过备份、恢复的方式。采集通过备份/恢复的方式采集是指审计人员首先把被审计单位数据库系统中的数据备份出来（或者让被审计单位把该单位数据库系统中的数据备份出来），然后把该备份数据在审计人员自己的数据库系统中恢复成数据库格式的数据，最后就可以在审计人员自己的数据库系统中对采集来的被审计单位的数据进行审计数据分析。

第四，通过专用模板采集。专用模板采集审计信息是使用审计软件，通过被审计信息系统设置适合的专用采集模板，来实现审计信息采集的一种方式。通过专用模板的采集方式，审计人员只需要选择合适的模板，就可以实现数据的自动采集。采用专用模板的方式，使审计采集简单自动化，而且对审计人员的技术没有过高的要求。但是相应地，专用模板采集的缺点是审计软件要针对被审计单位的应用软件设置适合的采集模板，操作麻烦。

由于目前审计部分所使用的软件版本各式各样，很难为所有的应用软件都配备合适的模板，所以审计人员在实际的审计工作当中，应该根据被审计单位的数据信息情况选择采集办法。如果有采集模板就优先选择模板采集的方法；没有采集模板时，可以选择其他的数据采集方法。

4. 电子审计数据预处理

审计数据预处理是电子数据审计中的重要环节。由于采集的被审计数据往往会有许多数据质量问题，例如，有些数据字段的值不确定，由于该数据字段的值不确定，所以会造成数据不完整，这样采集到的数据并不能满足后面审计数据分析和证据论证的需要。此外，数据的质量问题会直接影响审计工作的结果，也就是审计结论的准确性，因此，审计人员在审计数据采集后，需要提前处理被审计单位的电子数据的质量问题，为后面的审计数据分析审计结果工作打好基础。

（1）数据质量

数据质量的好坏对审计数据后续工作的处理有很重要的意义，因此，必须了解数据质量的评价标准。目前公认的评价数据质量的标准主要有：①准确性，也就是审计数据的数值需要与假定正确的数值一致；②完整性，即审计数据的数值没有缺失的字段；③唯一性，也就是数据记录或者编码是否是唯一的；④一致性，也就是数据对一组约束的满足程度；⑤有效性，审计数据的有效性是指数据能够满足数据分类的准则和接受要求；⑥适时性，也就是在一定具体时间内可以提供数据向的程度。

（2）审计数据预处理的意义

由于采集的被审计数据中存在上述数据质量问题，所以需要对采集的数据进行预处理，为后续的审计数据分析打下基础。概括起来，进行审计数据预处理的意义包括以下内容：

第一，因为有些时候提前做好的审计数据分析，不一定能够满足实际中审计数据分析的需要，所以，需要提前处理质量不好的被审计单位的数据，为审计数据的下一步工作提前做好准备。

第二，帮助发现隐含的审计线索通过对被审计数据进行预处理，可以有效地发现被审计数据中不符合质量的数据。但是，审计人员不能简单地把有质量问题的数据删除掉，因为这些存在质量问题的数据中可能隐藏着审计线索。审计人员需要做的是重点分析质量不合格的审计数据，通过找出造成质量不合格的原因，发现被隐藏的审计线索。

第三，降低审计风险。在审计数据的处理中，有问题的审计数据会对审计数据的结果的正确性产生影响，给审计带来风险，因此在审计开始前，要提前处理质量不好的审计数据，降低给审计结果带来的不良影响。

第四，通过名称转换方式便于数据分析通过名称转换这一审计数据预处理操作，可以把采集的数据表以及字段名称转换成直观的名称，便于审计人员的审计数据分析。

（3）常用审计数据预处理方法

根据一般审计人员的技术能力和审计工作中的具体要求，并考虑到审计数据预处理方法的经济性和可操作性，常用的审计数据预处理方法包括名称转换、数据类型转换、代码转换、横向合并、纵向合并、空值处理等。

5. 电子审计数据验证

（1）审计数据验证的重要性

在开展电子数据审计的过程中，电子审计数据必须不断被验证，通过不断的验证才能保证审计数据的真实和完整，以及审计数据预处理和审计数据分析的正确性。审计数据验证不仅是确保电子数据真实、正确的重要手段，也是提高审计数据采集、审计数据预处理和审计数据分析质量，降低审计风险的重要保证。其重要性主要体现在以下方面：

第一，确认所采集数据的真实性、正确性和完整性。通过不断验证审计数据，保证被审计单位的数据和审计人员采集的数据的正确、真实、完整，反复验证电子数据可以证明被审计单位活动的真实程度，保证审计数据采集工作准确、有效地进行，同时对采集的被审计数据进行确认，排除遗漏和失误。

第二，确认审计数据采集过程中数据的完整性。在电子审计数据的采集过程中，难免会发生电子数据迁移。比如说从一台计算机转移到另一台计算机，或从一个信息系统转移到另一个信息系统，所以为了保证审计数据在迁移过程中的完整，审计人员必须在审计数据转移后，验证审计数据，以保证审计数据的完整和真实正确。

第三，减少审计数据采集、审计数据预处理和审计数据分析过程中人为造成的失误。审计人员在进行审计数据采集、预处理和分析时，如果编写的程序存在逻辑错误，或对数据的操作不规范，或选择的方法不正确等，都可能产生部分数据遗漏或丢失等问题，导致审计结果发生错误。所以审计人员应在操作审计数据后验证电子审计数据，以保证数据的正确性。

（2）审计数据验证的方法

①依据数据库的完整性的检查验证法

利用数据库的完整性约束进行验证数据的完整性是指数据库中的数据在逻辑上的一致性和准确性。利用数据库的完整性约束可以实现部分数据验证功能。一般来说，数据的完整性包括以下内容：

域完整性：也被叫作列完整性，具体值是数据值对某一列的有效程度，是否为空值的允许度。

实体完整性：实体完整性要求表中的每一个行有一个唯一的标识符（关键字）。

参照完整性：也被叫作引用完整性，是被参照表也就是从表和主表之间数据的一致性。

①利用数据总量和主要变量的统计验证法

利用数据总量和主要变量的统计指标进行验证是一种常用的方法，内容如下：

第一，核对总记录数。审计人员在完成审计数据采集之后，首先要将采集的电子数据的记录数与被审计单位信息系统中反映的记录数核对（有打印纸质凭证的，还要与纸制凭证数进行核对），以验证其完整性。在完成审计数据预处理和审计数据分析之后，也可以根据需要应用这一方法。

第二，核对主要变量的统计。指标审计人员在完成审计数据采集、审计数据预处理和审计数据分析之后，可以通过核对主要变量的统计指标，如核对总金额等方法来验证数据的完整性。

第三，通过业务规则实施验证审计数据。业务规则具体指系统在处理业务活动时，需要满足的约束。约束有很多种形式，具体为：①系统外部约束。例如，法律法规及国家政策。②系统内部约束。例如，借贷记账法中的借贷平衡、财务处理中的账户勾稽关系等。③系统的控制手段。例如，凭证号码之间的连续性约束，分析凭证表中凭证号是否连续是验证审计人员所用数据与被审计单位会计数据的一致性的一种重要核对方法。审计人员可以根据实际情况，通过编写SQL语句来进行凭证号断号、重号的验证工作，也可以借助一些审计软件的断号、重号分析功能来完成凭证号断号、重号的验证工作。

第四，通过抽样实施验证审计数据。当数据过多或者没有别的验证方法时，可以使用抽样验证，抽样验证一般分为两种，按照取样规则从被审计单位的纸质资料或系统中抽取样本，通过数据匹配和验证，进行验证。

（二）信息系统审计

1. 信息系统的审计的含义

信息系统的审计主要是由内部审计部门和审计人员共同参与，由相关信息技术和相关专业人员进行指导参与的审计活动。其目的在于通过信息系统审计工作审查和评价组织是否实现了信息技术管理的目标，同时根据这一评价提出相应建议，并协助与配合信息技术管理人员有效履行职责。

会计信息处理的计算机化是计算机审计产生的直接原因。在计算机信息系统环境下，会计在信息处理方面的准确性和速度都会得到提升，但这也为手工环境下的内部控制和会计信息处理带来了变化，是审计工作面临的新挑战。因而，在计算机信息系统环境下，确定审计目标，制定和实施审计程序时，应当考虑这些变化对审计产生的极大影响。计算机硬件和软件的发展，提高了计算机的工作效率，降低了计算机系统的成本，使越来越多的单位成功地完成了其基本管理活动以及基本会计职能的自动化过程。

由于使用计算机处理会计和财务数据，审计人员需要先了解数据和控制的概念和术语，在审计过程中，既要和财务人员、会计专家等懂得审计术语的人员交流，还要和电子数据处理人员、计算机专家等使用信息行业术语的人员交流。因此，想要准确地检查和评价计算机处理工作，使用计算机开展审计工作，就必须要了解电子数据处理的概念。

在信息化社会的大背景下以及审计和控制的要求下，每个行业与各种类系统都离不开内部审计工作。巨大的审计需求为审计工作带来了前所未有的压力。计算机处理对于组织结构和职责，尤其是对数据处理职能的影响，改变了审计人员的环境。数据处理系统将众多的处理步骤都汇集在一个部门内即数据处理中心，减少了在手工系统记录过程中必须通过职责分配才能实现的内部控制。

2. 信息系统的审计线索

计算机技术的发展和科技的不断发展，不仅给我们的生活带来了巨大的变化，还给审计工作的进行带来了很大的变化。审计线索的获取从原先的人工，到现在可以借助大量的计算机数据，审计线索的内容主要包括凭证、账簿、报表等。这些证据能够确保审计人员能够查询数据更完整、更方便。每一步的审计工作的进行，都在监控之下。但在计算机系统下，手工系统中的审计线索都消失了，计算机系统将按照一定的程序来处理账务，这是计算机应用给审计线索带来的新变化。这些变化包括：原始凭证成为一种信号被转换到机器可读的介质上；在如联机系统等系统中，原始凭证可能不复存在；通过主文件无法看出明细数据，但载有明细数据的文件成为了过程文件已经不存在了；数据处理过程可能无法提供日常记录，如果需要的话则必须使用专门程序；系统一般只打印汇总结果，不一定能够打出全部原始记录；数据保存在光电解质上容易损坏，必须通过计算机及应用程序才能阅读；无法直接观察到计算机程序和数据的处理过程。

总之，计算机信息系统对审计线索的影响，使得对数据输入、处理和输出的控制以及计算机的操作过程成为审计的重要内容，因此，计算机信息系统环境下对审计的时间安排、测试的性质和重点及测试的范围均有较大的影响。为了审计工作能够正常进行，首先就要确保这一系统是可以进行审计的，即可审性。计算机信息系统开发的初期，就要充分考虑的审计工作的基本要求，开发的目的，就是为了帮助审计工作能够更好地进行。

3. 信息系统的审计规范

在信息系统环境下，审计过程和审计线索都随着环境的改变而发生变化，以往手工环境下的审计原则和标准在某些部分不再使用。电子数据的处理环境对于审计的总体目标的影响效果是十分小的，但是由于计算机技术的引入，对财务和信息的处理存储等方面都造成了巨大的改变，这就导致了被审计单位可能会受到一定的影响。所以，在审计人员研究和进行评价时，其中的结果都会受到影响。以及其他审计工作、审计环境、审计性质和时间内容等。都会因为环境的改变而发生改变。但我国对内部审计的规范尤其是电子计算机的环境下的内部审计行为缺少约束，也没有明确的目标，所以，我国正在积极地逐步制定与国际准则相接轨的电子数据处理环境下的审计准则。

4. 信息系统的审计方式

计算机处理和手工操作过程相结合，就构成了计算机系统数据处理的全过程，因此，审计方法也应该是手工审计方法和电算化审计方法的结合。在计算机信息系统环境下，人工审查方法依然奏效，但由于计算机辅助审计技术比人工效率高得多，因此成为了某些情况下必不可少的审计技术。审计人员要牢牢把握电子数据处理系统的特点，并对其有效性、可靠性，以及信息的正确性与合法性进行恰当地审查与评价。一般有以下三种方式：

（1）抛开计算机审计。这种方式，是将计算机信息中的信息看作是一个数据库，计算机也仅仅是作为一个存储工具而存在。如果是要对会计凭证等打印结果等进行着重检查，就可以采取这种审计方式。这种方式简单、直观，可以运用审计人员较熟悉的方法，即使没有计算机知识的审计人员，也能完成审计任务，因而，在EDP系统审计初期，大多数审计人员都乐于采用。即使现在，在某些情况下，仍然可以采用这一方式。

（2）穿过计算机审计。这是对计算机会计系统的内部过程进行检查与评价的审计方式。审计要深入计算机内部，并利用计算机对其内部的具体处理过程进行直接审查。主要包括计算机程序审计和数据文件审计。这种方式是在计算机会计系统大量出现、系统的结构趋于复杂、系统的规模趋于庞大及计算机软硬件技术在审计人员中已普及的条件下展开的，其优点是审计人员在了解计算机数据处理过程的基础上，可对系统有无错误做出客观评价，并指出其错在何处，进而提出劝告和建议。

（3）使用计算机审计。利用计算机来帮助审计工作更加好地进行，利用计算机自身具备的一些功能，例如直接阅读、选择和复核等，可以读取审计信息中的一些数据状态。如利用通用审计软件可对众多不同客户所使用的计算机数据处理系统进行审计。其最大优点在于审计人员能够独自处理被审计单位的"活动"。

5. 信息技术的控制

（1）信息技术一般控制

信息技术的一般控制是关于网络、系统、数据库、应用系统以及相关人员的政策及措施，目的在于保证系统运行的持续性与稳定性，及应用控制的有效性。对信息技术一般控制开展审计工作，应从以下活动入手：

第一，信息安全管理。内审人员要对信息安全管理政策、物理访问、身份认证、逻辑访问管理机制以及职责分离控制等方面予以关注。

第二，系统变更管理。内部审计人员要对组织的应用系统、系统基础架构变更、参数变更的授权与审批、变更测试、变更移植到生产环境的流程等方面予以关注。

第三，系统开发采购管理。内部审计人员要关注应用系统及相关系统架构开发和采购的授权审批，同时，还要关注开发、测试、生产环境严格分离的情况，以及系统的测试、审核、移植到生产环境等环节。

第四，系统运行管理。内部审计人员应该对信息技术资产管理、系统物理环境控制、系统容量管理、数据备份及恢复管理、系统问题管理和日常运行管理等管理内容进行关注。

（2）业务流程应用控制

业务流程层面应用控制是在业务流程层面上，为了保证系统能够将业务数据的生成、记录、处理和报告等功能准确及时地完成而设计执行的信息技术控制。

对业务流程层面应用控制开展审计工作，应主要考虑与数据输入、处理及输出相关的控制活动，主要包括：系统配置控制、授权与批准、异常与差错报告、转换控制、职责分离、一致性核对、系统计算及访问权限等。

6. 信息系统的组织与管理

内部审计人员在针对信息系统展开审计工作时，为准确评估系统内部控制的合理性与有效性，可以通过一种或多种审计方法来获取充分可靠的证据：详细询问有关控制人员；观察特定控制的运用情况；审阅相关文件、报告及计算机文档等；登录系统进行查询；充分利用计算机辅助审计技术；验证系统控制和计算的逻辑性；进行穿行测试，掌握信息系统的特性，追踪交易在其中的处理全过程；对其他专业机构的审计结果或组织内部的自我评估结果等进行充分利用。

（1）职责分离。应设计计算机操作的职责保持分离：①业务授权；②业务记录；③资产保管。通过要求由会计和计算机部门以外的人员批准业务，并由第三者通过计算机执行对资产的物理控制。在考虑对资产的控制时，会有直接和间接接触的都必须考虑，比如存货的运输单能对存货资产提供有益的控制。在集中式处理的计算机部门，某些类型的职责需要分离。例如，考虑有保管、记录和批准等职责，将操作员、程序员和系统设计员的活动进行分离是明智的。应使用资料库来限制操作员接触程序和数据文件。在一个数据库系统中，数据库管理员的职责包括控制各种文件的访问、程序修改、为各个人提供详细的源码等，这些职责都要注重"视乎需要"的条件。

如果使用一个自动的数据文件，有效的输出应经相应的管理人员复查。这些措施可全面增强职责的有效分离：定期更换操作员；要求至少连续五天的休假；在程序运行时，只有操作员才有权进入机房，输入和输出要由与电子数据处理分离的用户控制，并由与电子数据处理不相关的人员负责。

（2）受控存取。密码能够在一定程度上控制输入设备的接触，部分地控制输入活动。因此，所有密码必须定期更换，此外，还要对员工加强保密重要性的教育，对某些文件或某些权限，应该对使用密码权限加以控制。

（3）数据输入。通过使用标准格式的数据输入并对用户丢失数据予以提示，将会加强数据输入的完整性和准确性。数字和字符与预期数据类型比较及数值与实际的范围比较（即极限检验）等对数据的在线编辑可提高数据输入的质量。在软件中建立的要求用户给予确认的回复，可促使用户对数据的输入进行检验。

（4）数据处理设备的控制。在控制数据的处理中，需要保持对设备和数据库的控制。重要的审计线索应由操作员记录操作日志，以便追踪对哪些工作进行了处理,并产生一个记录输入和每一项工作处理完成的磁性文件。操作员的主管可以复查这些系统活动的记录,以作为计算机使用的关键控制。

为了保持数据的完整性,应生成批总数及业务日志文件,以便能与输出总数相比较。应生成每次处理的开始和结束余额的主文件控制记录,并定期与总数核对,以便发现错误。有效的检验和检测数字是保证正确处理的有效手段。有效的检验检查编码是否"有效主文件所设置的编码",以确保借记或贷记的账户真实存在,并且此账户可由特定类型的业务影响其余额。检测数字利用公式对某些类型数码进行检验,以确保它们的数字有效或者传送是完整的。

(5)文件处理控制。为了确保处理的是恰当的文件,所有的应用使用都应该检查内部标签。最低程序应该使用例如用不同颜色磁盘套表示的外部标签。典型内部标签包括程序文件的名称、记录和字节数,更新日期和保留时期。使内部标签无效的操作应该经过监督批准,所有这样的操作均需要有日志记录。

(6)输出控制。需要保持对计算机产生报告的分发进行控制。应该建立每个报告副本数量的限制,并且应保持一个报告分发表。产生报告的频率应该考虑成本与效益原则。输出日志可记录所有输出报告和书面文件的实际分发。

7. 信息系统的硬件与软件

(1)硬件方面

计算机使用的物理控制:空间、空调、电源线及后备电源装置、抗静电地毯、机房管理、位置是否合理、放火探测器及维护工作,设备应远离主要交通要道,并应确保实物的安全。

计算机硬件的选购与使用:硬件的选择应考虑到实际的需要及自身的适应性。还应注意处理过程中的瓶颈,CPU必须有足够的工作存贮空间来处理操作。在一台计算机内部不只一套处理程序的多处理系统,多个程序同时运作是很常见的，此能力增强了计算机操作的效率。审计人员也应评价内所用的介质是否与高效处理相兼容。例如，那些需要定期更新其少部分数据的文件，可能最好直接存贮在磁盘上；假如对几乎所有的记录都需要作常规更新，因而不需直接存取的话，那么使用较便宜的磁带存贮介质就会更为合适。

审计人员可以根据以往的经验和行业数据对硬件的可靠性进行评价。应该保持所有设备发生故障的记录以及发生该故障的时间、日期和主要原因的文件资料。计算机的维护服务主要决定于硬件。应该注意培训员工操作计算机设备时保持谨慎，以确保没有发生无意的损坏。应该对所有的计算机系统进行定期的预防性维护保养。通过追踪关于以下情况的统计数据，审计人员可评价硬件配置的有效性及其维护情况：设备使用、计算机人员的时间、计算机运作的成本、系统故障、软件可靠性、程序处理能力等。为了便于重新启动系统的需要，应设立检查点，在处理过程中记录计算机寄存器和内存的内容和状态。如果发生故障，检查点能够减少计算机重新启动的工作量。

鉴于硬件控制的缺点会建议调整现有的或未来的硬件的取得政策。硬件应根据自动错误探测功能和供应商提供的关于操作员对硬件错误和系统中断应如何反应的文档资料来装配。硬件控制的一个实例是回波检验，它主要是发送信息并通过"回波"招收到的信息返回原来的发送器，以验证它们的准确性。这是一个确保通信设备和线路在恰当运行的方法。

硬件评价的最后一个考虑是安全性。门锁、警铃、警卫和身份证明等措施可限制接近硬件设备。系统应保留操作日志记录，以监视和控制对计算机的访问。由于设备的敏感性和可能损坏的程度，必须尽可能小心使其避免因为过热和自然灾难而损坏。

一个重要的控制政策是不允许已被解雇的计算机人员接触设备或文件。同样，服务人员和参观人员无论什么时间来到计算机设备附近，都应该有人陪同。对设备或软件的有意（或无意）损坏，代价都是极高的。

（2）软件方面

软件开发的优劣是计算机会计信息系统的关键，因此内部审计人员尤为重视系统开发的审计。这里提到的审计，是审计人员对于计算机开发系统过程中的，由研究人员开展的产生的一些系统文件的审计和调查。在系统开发的阶段的审计属于事前审计。

对计算机会计系统的开发进行审计，可以充分考察会计系统的可靠性、效率程度。系统内部在设计过程中就充分考虑到了审计过程，提高可审性，系统内部的有序性可以充分提高审计的效率和可靠程度。系统开发之后进行的审计属于事后审计，是用以评价一个系统的重要手段。

对系统开发过程的审计的主要目的在于保证系统符合开发标准、符合国家政策、符合法律规范等；保证一些重要系统获得了相关产业行业的授权，系统的进行是符合法律规范的；保证参与系统的各个成员都在系统的监督和保护之下。这对于系统之后的发展和维护都有着重大的作用。具体内容如下：

第一，系统分析阶段。系统分析阶段包括成立开发小组、对现行系统进行调查和分析、进行可行性分析。具体审计方法包括：①通过询问相关部门主管来确定各部门是否派人员参加系统开发工作；详细分析各部门的参与人员是否有足够工作时间；与各部门参与系统开发的人员交谈，确认其是否熟悉自身的工作范围、工作内容和工作责任。②复核分析人员是否获取了系统的全部资料；检查分析人员与用户之间是否进行了充分的交流；通过用户查询系统分析新系统目标是否能够满足客观需要。③查询系统是否按成本效益原则分析，确定相关主管是否同意与本身职责相关的成本效益计算；在新系统有关经济、组织、技术上的可行性问题方面，与系统分析员共同深入研究。在系统分析阶段，由于新系统尚未设计，审计人员的建议易被接受，审计建议对其他各阶段均有影响。当遇有下列情况时，审计人员应向管理部门建议或改进或停止系统开发：未建立明确的系统目标或系统目标不可行；没有配备足够的资源。

第二，设计阶段审计。系统设计阶段包括总体设计与详细设计：①系统总体设计。这一阶段的设计需要从整体出发，从系统的整体结构和设计方法入手。对系统进行大致的模块划分，模块划分时一定要秉着"高聚合，低耦合"的原则。系统文档要逻辑清晰、简洁明了，采取大纲的呈现形式。在结构设计时需要考虑结构是否符合用户需求，是否方便审计人员进行考察，是否符合会计人员的工作习惯。②详细设计。详细设计就是将总体设计进行细化具体的环节。

第三，实施阶段审计。这一阶段的审计主要在于具体操作方面。对于系统的实际测试和运行等方面进行考察。这一阶段的具体时间方法包括：①关于在程序中是否设计了必要的内部控制这个问题，要向程序设计员询问；审查程序文档的编制规范性与完整；从程序流程图及源程序中选择部分内容，进行正确性检查。②复核测试数据，确保其包括应有的处理及控制功能的各种类型业务数据；独立测试，审计人员可自行设计一组数据展开测试；审计人员应通过测试结果，就系统开发初期的适当性和系统投入使用后的运行情况向管理层提出意见。③复核系统试运行结果，前提是试运行期限不得低于三个月，从而确定系统有无问题、目标是否达到等情况；仔细询问管理员，确定是否有未授权人员在这一期间接触过系统；检查试运行记录，仔细分析系统与原设计是否有差异，若有差异，差异是否合理，系统能否通过试运行而正式投入使用。④检查在系统运行的过程中是否规定了要由不同的人员执行输入、处理等工作；以业务处理流程为依据，看其业务处理能否顺查及逆查，也就是由原始输入凭证至报表，或由报表至原始输入凭证；操作手册和管理制度是否包括了全部控制事项，并进行复核。

第四，运行与维护阶段审计。系统运行与维护审计属于事中或事后审计。具体审计方法包括：①切身观察相关人员的操作工作。要明确相关人员输入的数据是符合标准的，是经过了审核的。对于错误的数据要根据流程进行改正，对于系统要及时测试，确定是否有未经授权的人接触甚至修改数据；通过上机记录查明有无异常；检查系统故障是否得到及时处理；审阅管理制度，适当性评估人员工作职责和权限的划分。②实地检查系统运行是否正常；依据管理制度查明是否制定了计算机软、硬件维护制度，制度的制订是否符合内部控制,是否得到了坚决有效的执行;检查系统中的修改内容,确定该修改是否符合制度流程、文档是否齐备。

8. 信息系统应用程序审计

计算机系统执行程序的高度可靠性促使审计人员应更多地注意应用程序自身的正确性,注意实际操作运行的程序是否确定为被审单位主管当局核准使用的程序。事中审计主要是应用程序审计,这是计算机会计信息系统审计的重点和难点。开展信息系统应用程序审计主要有两个目的:一是测试应用系统控制的相应符合性;二是进行实质性测试,以检查程序运算知否正常、逻辑是否正确。应用程序的测试方法有三种,具体如下:

第一,不处理数据测试法。不处理数据测试法(亦称手工审计应用程序方法),指不对数据进行任何计算机处理,审计人员通过手工审计方式对程序流程图、意见书、程序编码、程序运行结果、程序运行记录等证据进行分析、审核、鉴定、评审,最终实现审计目的。

第二,处理实际数据的程序测试法。处理实际数据的程序测试法是审计人员使用被审计单位的审计程序处理实际数据,检查验证系统有效性的测试方法。该方法的优势是方便,审计人员可以使用已经生成的数据,而且只要处理已有实际数据得出结果,就可以检验程序是否有效。

第三,处理虚拟数据的程序测试法。处理虚拟数据的测试法是审计人员提前测试处理数据,通过处理结果来检验被审计单位的程序的有效性。该测试法的优势是:使用较少数据就可以测试部分和大部分程序的有效性,此外,还可以对具体的控制措施实行针对测试。

二、大数据时代内部审计技术创新

"在大数据时代的推动下,企业内部审计模式就应当从原本的低效率模式变为适应大数据时代的数字化、信息化内部审计模式。"[1]以相关理论和

---

[1] 陈力. 大数据时代企业内部审计信息化研究 [J]. 中国市场, 2021 (30): 197.

方法角度，对大数据技术的研究主要从以下三个方面展开：

第一，大数据智能分析技术。这种技术研究的主要内容是各种高性能的处理算法、智能搜索和挖掘算法。它顺应了目前大数据研究分析的潮流和趋势，站在计算机的角度看问题，注重计算机的计算能力和人工智能，比如各类机器学习和数据挖掘的方法。但是在审计领域，大数据智能分析技术的应用还处于探索阶段，以理论研究为主。

第二，大数据可视化分析技术。这种技术以人为主体，人既是分析主体也是需求主体，从这个角度进行研究，在分析方法上注重人与计算机的配合，符合人的认知规律。大数据可视化分析技术主要在数据分析中融入人类的认知能力，这种能力是机器所不具备的。大数据在审计领域的应用中，这种可视化分析技术相对比较成熟。

第三，大数据多数据源综合分析技术。这种技术是使用数据查询、大数据技术方法等一些常用的方法对搜集来的各类数据进行综合对比，分析彼此之间的关联，目的在于从中发现隐藏的审计线索。在审计领域，这种大数据分析技术的应用也比较广泛和成熟。在大数据时代下，数据信息量大、内容多，所以审计人员在对大数据进行综合比对和分析中一般采用Oracle数据库。

（一）图形数据库技术与工具

随着大数据时代的到来，传统的关系型数据库如SQLServer、MySQL等已经难以支撑目前大数据审计需要。因此，NoSQL横空出世。图形数据库是NoSQL数据库家族中特殊的存在，用于存储丰富的关系数据。在大数据时代，涌现出很多种数据库，图形数据库就是其中一种，这种新型数据库系统以数学中图论的理论和算法为基础，可以处理复杂关系的网络，且效率很高。在图形数据库的结构中，图由顶点、边和属性三个部分组成，顶点也称作节点，边也称作关系，节点可以带标签，节点和关系也都可以设置属性。

图形数据库是专门为处理复杂关系而创建出来的，擅长处理大量的、复杂的、互联的、多变的网状数据，且处理效率远远高于传统的关系型数据库。因此，它特别适用于社会网络、实时推荐、金融征信系统领域的大数据分析。大数据时代下，可以借助图形数据库技术开展大数据审计，发现审计线索。

（二）自然语言处理技术与工具

自然语言处理技术（简称NLP）是语言学、逻辑学、计算机科学、人工智能等计算机和人类（自然）语言交叉的研究与应用领域，它主要研究如何实现人与计算机之间用自然语言进行有效通信的各种理论和方法。自然语言处理研究与应用涉及的内容很广，各种技术及分类层出不穷，部分典型技术包含以下内容：

第一，词性标注（简称POS）。词性标注又称词类标注或者简称标注，即确定句子中每个词的词性，如名词、动词、形容词、副词等。

第二，词干提取。词干提取就是将词语去除变化或衍生形式，转换为词干或原形形式的过程。

第三，词形还原。词形还原就是将一组词语还原为词源或词典的词目形式的过程。

第四，句法分析。句法分析的主要任务是自动识别句子中包含的句法单位，以及这些句法单位相互之间的关系，即句子的结构。

第五，命名实体消歧。命名实体消歧就是对句子中提到的实体进行识别的过程。一般来说，命名实体要求有一个实体知识库，能够将句子中提到的实体和知识库联系起来。

第六，命名实体识别。命名实体识别就是识别一个句子中有特定意义的实体并将其区分为人名、机构名、日期、地名、时间等类别的任务。

第七，语义文本相似度分析。语义文本相似度分析是对两段文本的意义和本质之间的相似度进行分析的过程。

第八，文本摘要。文本摘要就是通过识别文本的重点并使用这些重点创建摘要来缩短文本的过程。文本摘要的目的是在不改变文本含义的前提下最大限度地缩短文本。

第九，情感分析。情感分析就是使用自然语言处理技术来识别客户评论的语义情感、语句表达的情绪正负面以及通过语音分析或书面文字判断其表达的情感，等等。

第十，机器翻译。机器翻译是利用计算机把一种自然源语言转变为另一种自然目标语言的过程，也称自动翻译。

第十一，文本相似度分析。文本相似度分析是对两篇（段）文本内容之间的相似度进行分析的过程。文本相似度计算在信息检索、机器翻译、文档复制检测等领域有着广泛的应用。

自然语言处理技术可用于文本相似度计算、信息检索、语音识别、文本分类、机器翻译等方面。用于自然语言处理的平台或工具较多，一般基于Python、Java、C或C++等不同的设计语言来实现。

（三）大数据可视化分析技术与工具

人类获取信息的途径多种多样，视觉是最高效的一种。大数据时代的数据分析，使用图形来表达含义的情况非常普遍。大数据可视化分析技术包含多方面的内容，比如文本可视化、多维数据可视化、网络可视化和时空可视化等。

当前，大数据可视化分析工具中应用较广的主要有以下类型：

第一，如R语言、Python、Processing等开源的、可编程工具。

第二，如Tableau、Qlikview、SAS、SAP Business Objects水晶易表、IBMCognos等比较商业化的软件工具。

R语言、Python语言等在大数据可视化分析工具中是比较简单的分析软件，根据审计的需要，对大数据可视化分析工具分为：标签云、散点图、条形图、折线图等常用的数据可视化技术。

1. 散点图分析

从散点图中可以看出横轴和纵轴数据之间的变化关系，这种变化关系可以利用可视化分析工具被清楚地展现出来。

2. 条形图分析

利用条形图，可以把表格中的行数据和列数据做成条形图，可以更直观地看出不同项目之间的情况。条形图使视觉上更直观，让审计人员容易比较不同项目之间的数据，也便于掌握不同项目数据之间的差距。

3. 折线图分析

在数据分析中也经常使用折线图。折线图可以把表格中的行数据和列数据变成折线图，可以更清晰地看出不同项目数据的不同。折线图方便了审计人员的工作，使之更直观地看出不同项目数据的大小，并比较不同数据之间的差别。而且折线图反映的数据可以体现出不同时间数据的变化情况，显示连续数据。因此，在同样的时间间隔下，用折线图来分析数据具有明显的优势。

4. 标签云分析

大数据时代，审计人员每天要分析大量数据，这大幅提高了审计人员的工作难度，传统的浏览和筛选方法根本无法办法完成如此庞大的数据，无法满足当前发展的需要。使用视觉的形式展示文本数据，可以减轻审计人员的工作负担，而且使用视觉来处理数据的效率更高，也不会遗漏重要信息，有助于发现审计线索。

标签云是可视化分析中一种比较常用的方法，它的组成部分主要是习惯标签或者与标签对应的权重，标签的排列有一定的顺序，比如有的按照字母顺序，也有的按照颜色的深浅来排序，将需要处理的文本用可视化的方式展示出来。此外，标签字体大小、标签颜色和视觉呈现的效果是由权重值的大小来决定的。被审计的文本数据，采用标签云可视化分析方法，可以有更全面的认识和了解，利于从总体把握。标签云分析的实现步骤主要包括：①分词；②对词语出现的频率进行统计；③根据词频对颜色、字体大小进行自动化设置并通过视觉展现出来。

实现标签云分析方法：可以使用R语言、Python等方法，对文本数据进行标签云分析。

第三节 大数据时代内部审计信息化建设

一、大数据时代内部审计信息化的动因

(一)信息技术的发展

随着信息化时代的到来,内部的审计任务也需要克服大量难题。并且相关信息化的技术飞速产生,内部审计工作技术、审计的方式和审计的风险都会在一定程度上被影响,这样在发掘内部审计信息化系统时期,就需保证信息化的系统能够给被审计单位的内部审计带来帮助。纵观内部审计的总体发展过程,它通过人工审计和计算机辅助审计的两个历程,同时一直都把审计任务管理信息化当成内部审计系统建设的基础内容,它也是内部审计发展改革的一项重要宗旨。所以,除了要促进内部审计的信息化建设,还要建设出完整有用的审计信息系统,这样才能够使内部审计工作的顺利完成得有保障,并且还能从根源上促进内部审计信息化的发展。

(二)内部审计模式的优化

当今网络信息的时代下,网络和信息技术的飞速发展给企业管理的运作方式带来了重大改变。各企业的经营模式向网络运营和电子商务转型,从而经营形式也向集成化、自动化改变,资金收款管理也依托着网上银行处理。ERP体系完成了企业任务进程的信息化管理,网络技术的发展降低了销售的进程和物流运输的时间。在以前内部审计方式下,审计员工都是通过当场检测报告,借助专业的判断完成抽样工作,搜索审计证据。在当今快速发展的信息时代,传统审计满足不了企业管理的要求。信息化技术的改革也影响了内部审计的管理,信息化技术可以用电子报告的形式存放审计的记录、信息应用体系在线讨论与传达材料,还可以对审计完成阶段性管理。

二、大数据时代内部审计信息化的变化

（一）立项依据改变

相对于传统内部审计，企业内部审计信息化以持续审计理念为理论支撑，建立起"大数据审计系统"，其中，企业运营支撑系统可以与内部审计系统相关联，以实时掌握企业运营的各类数据。充分采集实时数据以后，企业内部审计部门应当尽快建立风险预警系统和在线监控系统，利用系统自带的分析模型来对数据进行持续不断地分析，加以深挖，以发现异常并及时做出预警，让企业内部审计及时找到企业运营风险点，为企业管理层提供预警，进而制定具有针对性的改进方案，全面增强企业内部审计，为企业发展创造更多价值。

（二）审计方法优化

基于风险导向型审计，建立起"大数据审计系统"，在这一系统之下，被审计单位的业务风险大小决定着审计任务的触发和执行；预警系统及监控系统可以促进审计工作转变工作方式，以建立新的审计模式，将风险导向贯穿于整个审计流程之中。其具体操作如下：

第一，制定审计计划。基于已设定好的预警指标及相关预警模型，风险预警系统可以分析被审计单位的财务数据和业务数据。以找出业务领域的风险点和企业所在区域的风险区；以风险预警系统的分析结果为依据，企业审计部门可以对风险性质、严重性进行评估，根据企业管理层需求，对审计计划及专项审计计划做出合理制定。

第二，分派审计任务。以风险严重程度为根据，企业审计部对审计任务进行分配，一般来说，企业审计专员应赴省级分企业或地市级企业对高风险项目及需要专项审计的项目进行现场审计；企业审计部可以统一分配审计人员来审计低风险项目或常规审计项目，以确保项目安全。

第三，执行审计任务。审计任务的执行，可以直接利用在线监控模型来深入分析各项审计数据，细致了解预警系统找出的风险点，经过梳理整合、

对比分析之后，得出最为合理的审计结论。信息手段的运用有利于帮助审计人员充分了解问题，进行精确把握。

第四，出具审计报告。在常规审计状态下，各省企业审计部门负责审计，提交审计报告给企业总审计部，总审计部核查无误之后，将正式审计报告发布出来。审计高风险效果时，若是审计效果未达要求，可由总审计部自行实施审计，审计结束后，发布审计报告。

（三）审计范围扩大

信息技术的发展决定着内部审计的范围，我国审计的常用方法是抽样审计法，即在海量数据之中抽取研究样本，根据样本研究结果来倒推总体，进而将审计风险降低；只不过，数据过于庞大，审计时间紧、审计任务重，相关工作人员很难深入，无法彻底挖掘出深藏的问题，审计风险由此增加，内部审计的价值因此被削减。近年，审计工作中大量应用数据挖掘技术，将审计范围一再扩大，使抽样审计逐步向全量审计转变，审计更具全面性和广泛性；在数据采集尽可能实时而全面的前提下，使用数据挖掘技术可以最大限度发挥审计的作用，将风险预警及持续监控覆盖在整个企业的各个行业领域"上空"。由此看来，审计业务范围广及审计地域广就是"全面审计"的最佳体现。

第一，审计业务范围广。在大数据审计系统下，在线预警系统及监控系统的使用有利于消除传统审计的局限性，对企业财物进行全方位审计，审计范围覆盖整个企业的方方面面。

第二，审计地域广。地域扩宽得益于"大数据审计系统"的应用，让审计具备"千里眼"，能够充分了解相应地域的情况；财务系统和业务系统在数据审计系统中占据一定模块之后，其财务数据和业务数据便被大数据审计系统掌控。较之以前的现场审计，大数据审计可以将审计范围扩展到全国范围内的各个子企业，大大增强审计效率。

（四）工作方式便捷

我国企业内部审计中，通常存在着审计范围严重受限、难以收集足够数据、审计结果得不到普遍认可等问题。云计算及大数据的应用，可以为这类问题的解决提供极为明确的处理措施，使内部审计质量大幅提升。

大数据背景下，网络在线审计，可以把传统现场审计转变成为远程审计，在审计人员正式进入现场之前，大数据审计系统就可以发现审计线索及审计问题，并将其锁定，审计人员进行现场审计就只需对相关证据进行核实，现场审计工作效率由此大幅提升。

三、大数据时代内部审计信息化的理念

（一）联网审计

对被审计单位电子化数据的定期收集审核就是联网审计，被审计单位的电子账本也可以通过联网使审计人员远程控制审阅，实施事中审计并得以体现；还可以与被审计企业协同操作，通过扫描、拍摄纸质资料凭证和实时视频等方法来实现对所存疑点的远程查阅。另外，软件的预警功能也可以在同类问题的自我监察中起到作用，同时对被审计企业的一部分下级单位实行远程审计。

联网审计还配有许多智能功能，体现在其具有能自动化审计、全面规范审计作业系统。在解决国库、税务、银行联网审计中首先解决了财政预决算预审的问题并加深了审计深度，保证了审计工作的高效率完成的同时实现财税库一体化与程序化审计。并可以将审计所得数据进行综合利用。联网审计可以通过分析财税数据，掌握当地的经济命脉，命中审计的难点、重点，让宏观经济可以更好地利用审计工作。

联网审计的前提工作包括了事前准备阶段，事前准备阶段是在对被审计企业基本财务管理、信息系统等主要基本情况有一定的了解后，对审计工作方案的编制并做好联网审计的准备工作。审计工作的正式展开阶段包括了对工作数据的远程查阅和实时取证以及交流审计建议模块。结束阶段包括有汇报编制、审计意见及审计决策的选定和下达执行。

（二）风险导向

风险导向审计指的是注册会计师以审计风险模型为基础进行的审计，估算被审计部门的风险系数，确立残留的风险，最终实施特殊的审计程序来减小残留的风险。将审计任务作为基础，完成不同项目产生风险的过程分析，着重于出现风险的部分，确定风险系数较高的工程，让审计成为一个连续减小风险的过程。

风险导向审计方式已成为审计方法发展的一种国际趋向。风险导向审计形式适当地替换了制度导向审计模式为根本的"无利害联系假设"，将指引思想创建在"合理的职业质疑假设"的基础上，不仅借助对被审计单位管理部门设计与实施内部控制制度的评估和检测，还对单位管理层诚信、有作假与否一直保持一种良好的职业预防，把审计的范围增加到被审计单位经历的经营环境，把风险评估的工作在全过程中实施。

随着经济全球化的趋向，国际资本的活动推进了审计的跨国开展。我国审计的规定当初借助于国际审计基础，以国际审计条款为基础，呈现出风险导向审计的观点。风险导向审计的观点也属于制度审计，它是制度基础审计的衍生体，将审计风险通过完整的分析和整改为基础创造的一种审计形式，创造出适合企业环境多样化的审计策略，从而让审计的工作满足社会发展的要求。

（三）持续审计

持续审计指的是独立审计师对项目各方面进行实时或短时审计以生成审计报告并将其形成书面文件审计方法。其中，实时审计指的是把审计贯穿于整个组织的运行流程之中的审计方法，其充分应用可以降低审计风险，提高审计质量。持续审计的特点和作用可概括如下：

第一，审计过程具有连续性。审计工作融入企业生产经营的全过程是持续审计最典型的特征；审计工作随着企业持续经营而不断循环往复；审计计划、控制评估、风险评估、审计报告都在持续审计下连续进行，某一阶段的审计报告发出，下一阶段的审计计划就制定完成，相对应的审计评估就要着手进行；对高风险的现金、银行存款项目而言，连续、循环审计可以预防并控制错误发生。

第二，审计信息具有及时性。与传统审计在规定时间审计已发生的过去事项不同的是，持续审计工作对审计信息的及时性有明确要求，因此，信息时效性很弱，就无法帮助企业做出合适决策；持续审计强调在审计事项发生时或者发生后就立即实施审计，以保证信息的实时性，尽可能提升会计信息的相关性及重要性。

第三，审计程序自动化。只有基于互联网，持续审计工作才可开展，也就是说，审计单位及被审计单位都要置身于互联网内，持续审计工作才可以开展。制定审计计划、发布审计报告、获取审计证据都离不开网络支持；具体而言，在持续审计中，其对象为数据，这也决定了审计工作必须利用数据分析工具来完成；持续审计的主要目的是及时发现被审计单位存在的问题，利用网络触发器可以将审计信息迅速传输给审计单位，审计单位进行详细分析之后，将相关信息传递给被审计单位，将其发布。审计程序只有高度自动化才能维持持续审计运行，以确保审计工作正常开展。

四、大数据时代内部审计信息化的模块

企业内部审计信息化平台由审计门户系统、管理系统、监控预警系统、作业系统共同组成，在整个子系统中，监控预警系统的管理及应用最为突出，基于此，相关信息化建设才得以不断完善；大数据审计系统的构成不算复杂，但系统运行需要庞大数据支撑，这对于企业的数据信息控制力要求极高。

审计作业系统主要是通过审计技术方法和计算机技术融合，实施计算机系统辅助审计。无论被审计单位的规模如何，是使用在线系统还是非在线系统，审计人员都可以充分利用计算机辅助技术来实施审计作业。从采用的工具和技术类型来看，主要包括通用审计软件、专用审计软件、被审系统或程序跟踪和定位软件、审计专家系统。通用审计软件和专用审计软件在国家审计和注册会计师审计中应用较多，内部审计则主要应用嵌入式审计和测试数

据法。

（一）审计的数据仓库

大数据审计系统的应用需要海量业务数据作为支撑，审计数据库便应运而生，审计数据库可以根据数据统一采集标准来定期抽取企业财务系统及各业务系统的数据，经过加工、转换之后，存储于数据库之中，根据其性质集成为企业内（外）部数据，以共享审计业务数据资源。换言之，审计数据库具有采集原始数据和加工所需数据的作用。

（二）审计的风险预警监控系统

在企业内部审计工作中，经济运行风控工作是内部审计工作的主要内容。为管理企业经济风险导向问题，企业应当建立风险预警监控系统，其必须具有这些功能：梳理整合审计人员实时采集而来的各种审计数据，以科学技术手段来分析相关数据，结合企业相关系统构建模型，以模拟各类运行制度；审计监控立体化、全面化、多角度化，对重点业务自己企业审计工作进行动态管理，以保证相关工作的可操作性；基于监控系统建立起与之对应的预警指标体系以及审计监测机制，以实现审计动态管理目标，保证各体系在进行相关工作时能够监测分析企业运行状况，让监控预警系统能够在审计工作中真正发挥作用，对企业运行进行动态监控并加以预警。

审计检测企业相关凭证时，应在审计工作开展之前根据企业实际需要制定评价标准库；这一标准可以作为审计人员开展工作的标准，在审计过程中，对于不符合需求的标准数据进行梳理整合，由系统自动生成内控风险预警报表，根据报表内容来分析被审计单位的内控情况以及工作执行状况，指出其存在的全部问题，以系统运作状况及被审计单位的实际情况为依据，为其提出符合需求的管理建议，其参考依据要确保真实性、合理性、有效性，以保证其管理水平提升的有效性。

凭证摘要在整个风险预警监控系统中对预警方案不断重复的优势可以概括为：①凭证摘要重复出现，可以分析系统内部相关数据以提供凭证冲销调账预警方案；②基于这一系统，可以对相关数据进行调整，将其储存于系统中，供查询使用。

（三）审计管理系统

审计业务管理系统要具有多样性和综合性，以便高效处理相关业务工作，尤其是企业发展计划的制定工作和企业重点的日常管理工作；审计工作的基本流程可以在审计管理系统的引导下不断优化，审计效率的提升及审计质量的保证都离不开审计管理系统。一般而言，审计管理系统都具有很强的功能：掌握与审计相关各类基本信息，更新审计法规并加以理解，统筹相关文字文件，保存管理审计档案，汇总审计成果等。

审计管理系统的优质与否决定着审计管理各个环节能否都得到关注，系统覆盖各个审计环节，以先进的技术来支撑企业内部审计需要，对审计资源进行处理；比如说，集中管理审计人才、目标、对象、方案以及优化相关法律法规，可以共享资源，避免过度浪费，而审计档案及其日常管理更加需要各种技术予以支持，海量的审计档案若是没有相关技术支持，档案形成及管理工作都会缺乏高效性，审计工作统一调度面临困难；在技术支持方面。项目任务、审计项目、相关台账及工作要求的完成都需要科学技术作为支撑。实施汇总并统计审计计划执行情况，以形成全面审批计划，相关数据的有效利用，可以促进领导考核工作的顺利完成，实时监控审计业务，充分了解审计项目的进程。提供高效稳定的平台，让两级审计组织在平台上进行交流，在交流中形成合力，基于这一体系，以综合查询审计报表为依托，给企业审计工作提供技术支持。

五、大数据时代内部审计信息化的相关技术

（一）内部审计信息系统的核心技术

第一，业务流程自定义。在审计相关法律法规的基础上，对审计业务在实际操作过程中的差异进行分析，加入了业务流程用户自定义功能，从而最大限度地满足客户的需求，使审计系统具有很强的推广性。

第二，全流程信息化管理。实现从审计对象管理、收集业务数据、数据

清理与转换、数据校验以及审计分析等全流程信息化管理。

第三,实现审计业务的实时处理。建立项目文档库,将审计过程中的文档生成、修改、传递、审批、归档等操作与业务处理进行完美地结合,采用CA/PKI技术,实现电子签名与数字身份验证。

第四,审计方法库。建立审计方法库,为审计人员提供审计数据分析的方法。

第五,数据挖掘。建立数据仓库,并对审计对象的业务数据进行挖掘与分析,为审计人员提供进一步的审计线索。

第六,审计资源共享。审计信息的使用者能够共享审计资源,包括法律法规、行业标准和相关指标、审计对象的相关资料以及现有的审计案例,从而提高审计效率。

(二)内部审计信息系统的主流技术

1. 数据库技术

任何信息系统都离不开数据库技术。数据库技术是信息系统的一个核心技术,是一种计算机辅助管理数据的方法,它研究如何组织和存储数据,如何高效地获取和处理数据。在审计信息系统中,对基础数据的规范性定义、数据之间的相关性设置以及对数据的处理手段都离不开数据库技术。

2. Web技术

WebService是一种新的Web应用程序分支,它们是自包含、自描述、模块化的应用,可以发布与定位。通过Web调用,WebService可以执行从简单请求到复杂商务处理的任何功能。一旦部署后,其他的WebService应用程序可以发现并调用其部署的服务。WebService是一种应用程序,它可以使用标准的互联网协议,如超文本传输协议(HTTP)和XML,将功能体现在互联网和企业内部网上。Web服务可以视作Web上的组件编程。

Web服务是实现协同商务应用的基础。通过Web服务,企业能够动态获取企业所需的商业应用,或者集成统一的服务平台。各种平台下的Web服务组件可以通过标准协议互访,实现跨平台的协作商务。Web服务作为协同商务的关键，能够实现协同商务所要求的信息共享与商务协同，"Web服务测试与验证是保证Web服务功能正确的关键"。

客户层支持多种客户端，它们可通过门户服务连接到软件Web服务上，获得Web服务。服务层实现了整个商业逻辑，包括数据转换逻辑、工作流逻辑、业务处理逻辑、数据访问逻辑。这些商务逻辑被封装为统一的Web服务接口，提供给客户端访问。后台数据集成层提供各种数据源的访问服务，这些数据源可以是一个或多个数据库，可以是企业的信息系统，甚至是合作伙伴已发布的Web服务。

WebService平台需要一套协议来实现分布式应用程序的创建。任何平台都有它的数据表示方法和类型系统。WebService平台必须提供一套标准来实现互操作性，用于沟通不同平台、编程语言和组件模型中的不同类型系统。

（1）基于B/S的三层结构。B/S构架一般采用三层软件层次结构，在数据管理层和用户界面层之间增加了一层结构，称为中间件，使整个体系结构成为三层。三层结构是伴随着中间件技术的成熟而兴起的，核心概念是利用中间件将应用分为表示层、业务逻辑层和数据存储层三个不同的处理层次。这种三层结构在层与层之间相互独立，任何一层的改变不会影响其他层的功能。

第一，展现层（表示层）。展现层是应用的用户接口部分，它担负着用户与应用间的对话功能。它用于检查用户从键盘等输入的数据，显示应用输出的数据。为使用户能直观地进行操作，一般使用图形用户接口，操作简单、易学易用。在变更用户接口时，只需改写显示控制和数据检查程序，而不影响其他两层。检查的内容也只限于数据的形式和取值的范围，不包括有关业务本身的处理逻辑。

第二，逻辑层。逻辑层专门处理业务，它是将具体的业务处理逻辑编入程序中。而处理所需的数据则要从表示层或数据层取得。逻辑层不应包括用户界面和对数据库操作的SQL语句。

第三，数据层。数据层就是数据库管理系统，负责管理对数据库数据的读写。数据库管理系统必须能迅速执行大量数据的更新和检索。因此，一般从功能层传送到数据层的要求大都使用SQL语言。

这种基于B/S构架的三层结构，可将逻辑层和数据层分别放在不同的服务器中，所以灵活性很高，能够适应客户机数目的增加和处理负荷的变动，适合大规模的分布式应用。

（2）Web应用服务器。基于Microsoft.NET开发的应用直接支持在IIS Web应用服务器上运行。同时，基于.NET平台开发的应用也可以通过一些中间模块支持在其他Web应用服务器上运行，如Apache、WebLogic等。

第一，Apache。在Apache的sub-project有一个支持ASP.NET的模块mod_aspdotnet，ApacheHTTPServer配合使用mod_aspdotnet就能实现在Apache服务器上运行ASP.NET的应用，支持ASP.NET的WebService。

第二，WebLogic。Microsoft提供了Visual MainWinforJ2EE产品，它可以为此用途提供独有的解决方案。简而言之，该产品采用由.NET生成的MSIL语言，并将其转换为共通语言执行平台库的Java端口支持的Java字节码。这样就可以编译C#代码，并在J2EE应用服务器（如Windows、Linux或所支持的其他操作系统上的WebLogic）上运行它们。

3. XML技术

由于审计信息系统所涉及的业务较为复杂，为满足系统开放性和可扩展性的要求，本平台应采用XML技术来实现数据交换设计，形成标准数据交换平台。XML具有简单性、开放性、可扩展性以及自我描述等特性，平台利用XML技术和简单对象访问协议进行对外数据交换，使得系统具有更强的开放性和可扩展性。采用XML技术进行数据交换设计具有以下优点：

（1）跨平台，包括跨操作系统平台、跨数据库平台以及跨编程语言平台。

（2）保证产品设计思想的安全，同时保证系统的安全。例如，能够避免将数据库设计的细节公开给其他应用调用者等。

（3）低耦合，可以达到子系统（或模块）间相对松散的耦合，保证各子系统的相对独立和相互集成，如本平台的后台服务与前端应用。

（4）数据交换标准，有利于建立起不同子系统、不同业务之间的数据交换机制。

（5）实现对多数据库的适配，支持的数据库有SQLServer、Oracle、Sybase，并且充分利用数据库强大的处理能力。

4. SOA技术

SOA即面向服务的体系架构，它是一种设计模式与思想，这种设计模式与思想可以引入到审计信息系统的设计中。主要包括以下方面：

（1）交互与协作服务。通过多种设备（如浏览器、PC和移动设备）向用户提供一个或一组服务。交互与协作服务还可通过将这些服务聚合为视图，以交付信息并在业务流程的上下文进行交互，从而提高人员工作效率。

（2）服务创建。创建灵活的基于服务的业务应用程序。面向服务的应用程序将业务行为作为服务公开，同时还能重用作为服务公开的业务逻辑，从而将审计信息系统从技术方面实现平台化。

（3）服务连接性。无论何时何地使用何种工具，都能使用中间层服务网关或总线让各种应用程序访问核心服务集，从而通过无缝的消息和信息流将企业中的人员、人员的关系实时地连接起来。

基于面向服务的体系结构，服务使用者不必关心与之通信的特定服务，因为底层基础设施或服务"总线"将代表使用者做出适当的选择。基础设施对请求者隐藏了尽可能多的技术。特别是来自不同实现技术的技术规范不应该影响SOA用户。如果已经存在一个服务实现，还应该重新考虑用一个"更好"的服务实现来代替，新的服务实现必须具有更好的服务质量。服务通常实现为粗粒度的可发现软件实体，它作为单个实例存在，并且通过松散耦合的基于消息的通信模型来与应用程序和其他服务交互。

六、大数据时代内部审计信息系统的架构设计

（一）审计信息系统的技术架构

1. 基于Microsoft.NET平台

Microsoft.NET是微软企业的新一代技术平台，它利用以互联网为基础的计算和通信的特点，通过先进的软件技术和众多的智能设备，为广大用户提供更简单、更个性化、更有效的互联网服务。在基于互联网的应用软件的技术领域中，国际上存在着两大主流技术平台，Microsoft.NET就是其中之一。目前已经部署或将要部署的管理信息平台有不少都是基于Microsoft.NET平台开发的。

就目前的技术情况，基于Microsoft.NET平台开发的审计信息系统可以采用较为稳定的WindowsServer2008服务器操作系统；开发技术主要运用基于.NET框架下应用较为成熟的技术，如C#、Microsoft.NET和ASP.NET；数据库可以采用安全性和稳定性较高的SQLServer2008；架构与标准主要采用了运用范围较为广泛的ORM（对象关系映射）、SOA（面向服务的体系结构）、WebService、XML等架构标准；设计方法则采用软件开发中主流的面向对象的分析与设计方法。

随着互联网技术的兴起，软件设计的技术架构逐渐从C/S（客户端/服务器）架构转向B/S（浏览器/服务器）架构。在国内审计信息化建设的初期，一些审计信息系统采用了C/S架构，虽然C/S架构拥有一些自身的优势，例如应用服务器负荷较轻、运行速度较快等，但在互联网技术迅猛发展的大背景下，传统的C/S架构已经不能满足现阶段审计信息化的建设需求。

传统的C/S技术架构包括以下三个层次：

（1）客户端应用程序。客户端应用程序提供了用户接口，主要功能是指导操作人员使用界面，输入数据，输出结果，并不具有业务逻辑。

（2）应用程序服务器。应用程序服务器是应用的主体，包含了企业中核心及易变的企业逻辑（规划、运作方法、管理模型等），其功能是接收输

入，处理后返回结果。

（3）远程数据库服务器，即数据库管理系统（DBMS），负责管理对数据的读写和维护。传统的C/S技术架构下，应用程序在用户自己的电脑上运行，所以远端应用服务器负荷较轻、程序运行速度较快，但同时要求客户机配置较高，维护成本较大。另外，随着审计信息化建设水平的提升，系统的每一次升级都将带来高额的成本。尤其是在互联网技术迅猛发展的今天，审计信息平台的建设对系统的一体化程度和信息的利用程度都提出了很高的要求。传统的C/S技术架构已经不能满足现阶段审计信息化建设的需求，相较之下，基于Web服务的B/S技术架构的优势就突显出来。

B/S技术架构是随着互联网技术的兴起而发展起来的，是对C/S架构的一种变化或改进的架构。在这种架构下，用户工作界面是通过Web浏览器来实现，主要的事务逻辑在服务器端来实现。

在设计上，B/S技术架构同样采用了分层设计的思想，大体上划分为展现层、逻辑层和通用数据层。之所以采用分层式的设计，主要是因为它给系统的开发和维护带来了方便。一个好的分层式结构，可以使得开发人员的分工更加明确。例如，界面设计人员只需考虑用户界面的体验与操作，逻辑设计人员可以只关注业务逻辑的设计，而数据库设计人员也不必为烦琐的用户交互而头疼。当某些业务逻辑需要做出改动时，只需要对逻辑层的相应部位做出修改，没有必要牵一发而动全身，分层式的设计也为系统的扩展性奠定了良好的基础。

在B/S技术架构下，ASP.NETWeb窗体被用来创建展现层，为用户提供输入数据和浏览数据的界面，并与用C#语言编写的中间逻辑层的商业组件相通信。而商业组件通过ADO.NET与通用数据层的SQLServer、Oracle等工具包进行数据交互。

与传统的C/S技术架构相比，B/S技术架构的展现层采用了ASP.NETWeb窗体，客户端只需安装Web浏览器就可以链接到审计信息系统的入口，这为终端设备的多样化创造了条件。B/S技术架构的逻辑层被设置在远端的应用程序服务器中，而不是在客户机上执行业务逻辑，因而使得系统的维护和升级变得十分方便，这也正是B/S技术架构应用优势的集中体现。

软件系统的改进和升级越来越频繁。对一个稍微大一点的单位来说，如果系统采用的是C/S技术架构，那么系统管理人员需要在几百甚至上千部电脑之间来回奔跑，效率之低和工作量之大是可想而知的，但B/S架构的软件只需要管理服务器就行了，所有的客户端只是浏览器，根本不需要做任何维护。无论用户的规模有多大、有多少分支机构都不会增加维护升级的工作量，所有的操作只需要针对服务器进行；如果是异地，只需要把服务器连接专网即可，实现远程维护、升级和共享。这对用户人力、物力、时间、费用的节省是显而易见的。然而，B/S架构也有自身的劣势，那就是应用服务器运行数据的负荷较重，一旦发生服务器"崩溃"等问题，后果不堪设想，所以需要加强服务的安全与管理。

2. 基于J2EE平台架构

J2EE是一套全然不同于传统应用开发的技术架构，包含许多组件，可以简化并且规范应用系统的开发与部署，进而提高可移植性、安全与再用价值。J2EE的基础就是核心Java平台或Java2平台的标准版，J2EE不仅巩固了标准版中的许多优点，同时还提供了对EJB（EnterpriseJavaBeans）、JavaServletAPI、JSP（JavaServerPages）以及XML技术的全面支持，这些特性使之成为国际上另一个主流的技术平台。

与Microsoft.NET平台的技术路线不同，J2EE的服务器系统采用了Apache等平台，它具有开放的源代码、操作简单、安全稳定、功能强大等优点。开发语言的首选是Java。Java平台由Java虚拟机和Java应用编程接口（API）构成。JavaAPI为应用程序开发提供了一个独立于操作系统的标准接口，可分为基本部分和扩展部分，易于大型Web程序的开发。由于有面向对象、跨平台、强壮、易理解等特点，所以适用于大型应用程序系统的开发。另外，系统开发会用到JavaServlet与JSP等相关技术。Servlet是用Java编写的Server端程序，得益于Java跨平台的特性，所以它与协议和平台无关。JavaServlet可以动态地扩展服务器的能力，并采用请求—响应模式提供Web服务。JSP是JavaServerPages的缩写，类似于Microsoft企业的ASP，但由于它的跨平台性，越来越得到广泛的应用。Servlet与JSP之间的交互为开发Web服务提供了优秀的解决方案，而且大型的Web应用程序的开发需要JavaServlet和JSP配合才能完成。

一个系统的运行最重要的是数据，所以数据库的选用和安全性维护是系统最受关注的技术。审计信息系统的数据量非常大，所以通常选择Microsoft企业的SQLServer或Oracle企业的Oracle数据库。这是因为SQL Server数据库支持传统的关系数据库组件和特性，也支持关系数据库都支持的标准查询语言（SQL），不仅如此，SQL Server数据库支持数据库复制，它具有使用方便、可伸缩性好、集成度高等优点。在大数据量、复杂部署方面，Oracle数据库的稳定性和安全性拥有一些独特的性能。

审计信息系统也可以在J2EE平台上基于面向对象的MVC（Model、View、Control）Web设计模式来开发，采用完整的互联网B/S结构，将前台用户界面事务处理与后台数据库处理结合成一层，形成三层网络体系架构。

利用B/S结构的优势，客户端只需安装浏览器就可以通过WebServer完成用户和服务器的交互；系统的升级与维护只需在服务器端进行，不用在客户端操作，这样就大大减轻了客户端的负担。

J2EE与Microsoft.NET各有千秋。J2EE在跨平台以及系统的延展性和重用性方面略优于Microsoft.NET，而Microsoft.NET的易用性略优于J2EE，而且微软提供了从桌面的办公软件、开发工具，到后台服务器数据库的全方位的产品，稳定性较好。总而言之，对于创建分布式的、复杂的、高效的、高可靠性的应用程序，两种平台都有着足够的能力，具体要根据实际项目评估进行选择。

（二）审计信息系统的数据架构

审计信息系统的数据架构一般与企业的数据架构保持一致。企业的数据架构可以分为集中式的数据架构和分布式的数据架构。

1. 集中式数据架构

集中式数据架构,即对各地的审计数据进行集中存储和统一管理,上级部门除了自行管理和维护本单位及部门的审计数据之外,还实时接收和处理下级审计业务产生的数据。在数据访问权限方面,上级部门对下级部门采取分级授权的模式,赋予下级部门相应的权限。下级部门使用自己的账户名和密码进入系统,实现对数据中心的访问。一般来说,在企业信息化建设初期,尤其是在其下属单位信息化程度普遍较低的情况下,企业大多采用集中式的数据架构,这样可以减少下属单位的信息化投入,同时方便下属企业对数据中心的访问。这种对数据进行集中存储和统一管理的数据架构,使得数据中心的利用率达到最大化,便于数据的集中管理,但是却过于依赖网络传输数据的效率。

从规范性的角度来看,集中式的数据架构能够对各级部门的审计业务数据进行集中存储和统一管理,从而达到对审计业务的规范化和标准化处理。从运营成本上来看,集中式的数据架构能够免去设备配置、系统安装、数据保护等工作,极大地减小了基层单位软件开发的难度,同时规避了系统重复开发和低水平建设的风险,从而节省了管理成本,需要的服务器数量也较少。从服务器的使用效率来看,集中式的数据架构提高了服务器的使用效率,节约了资源。

然而,对数据的集中管理也会带来一些相应的缺陷。从数据传输的效率来看,采用集中式的数据架构,各级审计部门会实时访问总部服务器,因而会对网络宽带有很高的要求。另外,从灵活性的角度来看,下级部门的审计业务办理过于依赖上级部门后台系统的流程和权限设定,对业务的处理缺乏一定的灵活性。再者,虽然集中式的数据架构对数据的维护相对容易,然而一旦出现问题,后果将十分严重,所以要经常对数据中心的数据进行备份。随着企业业务规模的扩大,如果将整个企业的所有数据全都集中于企业的数据中心,很容易引起企业数据中心负载过重而造成数据中心瘫痪。因此,对于一些业务相对复杂、信息化程度较高的子企业,也需要在子企业建立企业一级数据中心以下的二级数据中心,并保持二级数据中心与一级数据中心之间的数据同步。

2. 分布式数据架构

分布式数据架构,即数据存储在使用单位本地,各机构自行维护涉及本单位的审计业务信息,负责本单位数据的安全保障,定期将数据进行汇总。通过相同的系统或支持相同标准规范和协议的系统,实现各级部门之间的审计业务数据的交换,以及上级部门对隶属本部门的审计信息的分布式调用。

分布式的数据架构比较适合一些技术实力雄厚、更愿意将数据保存在本地的审计部门。从安全性的角度来看,分布式的数据架构使得系统对审计数据的管理更加安全。各级部门将自主承担系统优化、数据保护等工作。同时,分布式的数据架构也降低了网络传输数据的风险。从灵活性上来看,分布式的数据架构能够让使用单位灵活地进行元数据的设定,对审计业务的处理也相对灵活,管理更加个性化。分布式的数据架构只需在对审计业务数据进行汇总分析等情况发生时才连接传输,降低了对带宽的要求。这些都是分布式数据架构的优势的集中体现。

然而,分布式的数据架构同样存在一些自身的缺陷。采用分布式的数据架构,需要在总部和每个分支都安置软件或硬件防火墙,并配备专业人员管理,对各级部门来说投入比较大,技术要求比较高。同时,由于各级部门相对独立,管理成本也相对较高。另外,分布式的数据架构会闲置很多资源,服务器的使用效率相对较低。对于下属单位信息化程度参差不齐的企业来说,企业一般会综合利用集中式和分布式两种数据架构的优势,让信息化程度较高的下级单位建立二级数据中心,而信息化程度较低的下级单位可以直接使用企业的一级数据中心。

七、审计信息系统的构建与应用方向

随着计算机技术的飞速发展,信息化已经在经营管理中得到了普及,这时摆在审计人员面前的不仅仅是单一的纸质账本,还包括大量的财务、业务和其他运营信息电子数据，旧的审计模式和手段已经不能满足现在的审计工作需求，信息时代的审计工作被赋予了更高的要求。这就需要审计部门建立审计的信息系统，通过信息化的手段，协助审计人员开展审计工作和日常工作管理。

审计信息系统是以被审计单位底层数据库原始数据为切入点，通过对底层数据的采集、转换、清理、验证，形成审计中间表，并运用查询分析、多维分析、数据挖掘等多种技术和方法构建模型进行数据分析，发现趋势、异常和错误，把握总体、突出重点、精确延伸，从而收集审计证据，实现审计目标的信息系统。

（一）审计信息系统的构建

1. 审计信息系统构建的特殊性

（1）分析应用的特殊性。日常使用的经营管理信息系统，主要进行各类经营管理活动的业务核算、流程控制或具体的业务处理，由此产生的各类数据主要储存在该信息系统数据中。而审计的职能主要是对各类经营管理活动进行监督、服务、咨询和评价，审计的对象是单位组织的各种经营管理活动。因此，审计信息系统的被审数据，就是经营管理信息系统储存的内容，审计信息化需要以被审数据为基础，建立查询分析应用。

（2）经营范围的特殊性。审计主要以发现经营管理活动中存在的问题，消除管理制度、作业规范、内部控制设计、执行缺陷，提升企业管理水平为目的。目前，有些单位期望通过审计信息化全方位监控企业经营管理的各类问题，这样的理解有一定偏差，审计信息系统更适合从数据中找出规律和异常与标准做比对，它更多地是为审计人员确定审计重点，发现审计疑点，明确某些特定的审计问题，需要审计人员发挥职业判断，确定审计的方向、方法，并在审计信息系统工作的基础上进行原始凭证检查，实物资产盘点，相关人员问询，从而落实审计问题。

2. 审计信息系统构建的模式

审计信息系统的建设要符合成本效益原则，要在最短的时间，以最小的成本，形成业务符合度高的系统。因此，企业在进行审计信息系统的建设前，首先，要充分考虑审计部门实际的管理职责和工作要求，评估审计人员的业务水平，分析被审单位的业务特点和整体信息化程度等内容；其次，在选择审计软件产品上，要选择具备开展主体审计工作流程功能，可快速定制、快速实施的产品。

一般的审计信息系统有很多功能是用户用不到或不经常使用的，如果通过组合通用功能和定制开发特殊功能的方式，审计信息系统的实用性将大大提高。下面以北京微昂企业的审计软件为例进行说明。

北京微昂企业经过多年的审计信息化项目建设积累，逐渐演化，已经总结出一套审计信息系统构建模式：基本通用功能+特殊需求定制+管理增值服务，该模式首先从通用的微昂审计软件中选取用户真正需要的功能，自由组合、配置应用；其次结合用户的业务特点，定制开发通用系统中无法处理和解决的业务内容；最后，在审计信息系统的基础上，为用户提供制度建设参考、工作流程优化、总结审计方法，归纳审计经验等增值配套服务，不断提升审计部门的管理水平和审计人员技术水平。

微昂审计信息系统中通用功能和定制功能的比重一般为7:3，即七成为通用功能，三成为定制开发，这样既保证了系统的业务吻合度，又提升了项目实施的进度。随着技术的提升和审计方法的总结，很多定制部分会转换为实施的配置功能。

3. 审计信息系统构建的思路

（1）审计工作的规范化和体系化。政府审计、内部审计和社会审计相关部门都出台了相应的审计准则，以此指导审计单位的工作规范化和体系化建设。

第一，政府审计方面，《中华人民共和国国家审计准则》的颁布，明确了审计机关和审计人员的职责和工作内容，编写、审批、执行审计计划的流程；明确了审计实施阶段编写审计实施方案的内容和格式，收集、记录审计证据的方法，审计工作记录中记录实施审计过程的方法和重大违法行为检查的方法；在审计项目过程中，明确了审计质量控制和责任的要求；在审计终结阶段，明确了编写审计报告的形成和内容、审批流程、报告方式、结果公布方式和审计整改检查方法。

第二，内部审计方面，中国内部审计协会制定了中国内部审计准则，其中包括内部审计基本准则、内部审计具体准则、内部审计实务指南三个部分，为内部审计提供了详尽的规范和指导。

第三，社会审计方面，中国注册会计师协会制定了《中国注册会计师审计准则》，为注册会计师审计工作提供指导。

审计准则中明确提出了工作计划、职责、记录、质量和报告等方面的要求，这些要求的提出、规则的确定让审计信息系统的基本通用功能得以实现。在明确相应规则之后，审计程序导向、三级复核制度及审计轨迹保留等功能都有了理论方面的使用依据。审计信息系统在进行审计功能设计的过程中，需要参考审计理论准则提出的要求，也需要结合具体的工作需要，这样审计工作才能顺利进行。

（2）单位组织的管理和业务差异化。

第一，审计部门职能存在差异，需要定制相应的管理和作业环境。审计部门职能一般为监督、服务、评价、咨询等方面。由于不同单位组织的业务特点、管理重点、管理水平以及审计部门的规模不同，审计部门在具体职能上存在很大的差异。

有的审计单位侧重于事前监督、事中控制，如某企业在物资采购管理办法中要求"询价不采购，采购不付款，付款不验收"。这样在进行物资采购时，审计部门需要对采购询价过程中的询价情况进行审核，还需要在采购合同签订时进行合同审核。审计部门成为内部控制的一个环节，参与到内部业务流程中。所以，该企业审计信息系统的业务体现更多的是日常工作管理与统计内容；还有的审计单位更注重事后评价，需要对财务收支、管理决策、经营绩效等进行审查和评价，因此他们的审计信息系统更需要支持项目审计的各项管理工作。

第二，单位组织形式不同，需要定制相应的部署模式和工作模式。单位组织形式不同，在工作流程、协作方式、数据流转等业务处理上必然存在很大差异：有的审计单位是总部、分部分别开展审计项目，分部仅报送审计计划和审计结果；有的审计单位是总部统一调配、共同开展审计项目，这时候必然要求工作协同和信息沟通方便及时；有的审计单位是委托外部单位开展部分审计项目工作，内部、外部审计人员的功能权限、数据查看范围和数据统计范围存在不同。审计信息系统需要按照组织机构设置情况、人员协作方式、工作开展方式、网络环境进行定制和开发。

第三，审计对象不同时，使用的审计方法、审计工具、审计接口都需要定制设计。当行业不同、业务不同、生产工艺有所差异、制度有所差异的时候，审计工作内容就会出现差别。也正是因为审计工作要面临较大的实体业务内容差异，所以，审计工作的开展需要考虑到具体的业务内容，然后为具体的内容定制设计适合的审计方法，选择适合的审计工作和审计数据接口。

第四，企业信息系统差异，需要定制开发工具和接口。随着信息化的发展和应用水平的逐步提高，大部分单位的社会经济活动主要以信息系统为载体进行记录和处理，包括财务系统、资产系统、资金系统、购销存系统、人力资源系统等。因此，信息系统是非常重要的审计对象。但由于各单位使用的软件产品五花八门，缺乏统一和规范的管理，同时政府部门定义的国家标准来规范数据的元素、格式和交换形式目前还不够全面，其广度和深度远远不够。因此，审计信息系统在建设时要充分考虑与其他信息系统整合问题，需要定制开发与其他信息系统进行数据交换的接口。

(二) 审计信息系统的应用方向

1. 物联网应用

在物联网时代，任何事物都是可感知的。在物联网环境下，原材料、生产设备等从生产厂家开始就被嵌入RFID电子标签，可以达到对实物的智能化识别、定位、跟踪、监控和管理。

在物联网被成熟应用推广后，审计信息系统可结合物联网特点尝试更多的实物审计技术研究。例如，可以在账表相符、账账相符、账证相符的基础上，进行账实相符的审查，可以远程盘点、现场快速盘点。在审查某项资产或实物时，可以通过物联网电子标签快速调出该资产或实物的产地、生产厂家、生产工艺、使用说明、历史时点价格、可替代产品等一系列相关信息，为审计人员发现问题、形成结论提供信息支持，可以把审计记录、审计意见等审计工作结果记录到资产或实物的芯片中。

2. 云计算应用

云计算的基本原理是通过使计算分布在大量的分布式计算机上，而非本地计算机或远程服务器中，它是并行计算、分布式计算和网格计算的进一步发展，或者说是这些计算机科学概念的商业实现。云计算是虚拟化、公用计算、IaaS（基础设施即服务）、PaaS（平台即服务）、SaaS（软件即服务）等概念混合演进并跃升的结果。

微昂审计软件在云计算的应用上，以现有软件业务为基础，构建了微昂云审计平台，主要有以下内容：

第一，微昂云审计平台技术架构是以云计算应用进行设计的。微昂云审计平台是基于分布式文件存储及并行运算架构实现，并分四个层次进行设计：①云审计网络层为云审计平台提供网络通信环境，主要包括Web服务、即时通信服务、基础网络服务和数据中心服务；②云审计服务层为云审计平台提供基础服务支持，包括用户管理、安全管理、事务管理、计算管理等内容；③云审计基础核心层，为云审计应用提供业务层面的基础服务支持，主要包括数据库服务、中间件服务、审计模型等内容；④云审计开放应用层，为审计人员开展审计工作提供功能和环境，主要包括被审数据数据处理相关的数据转换模型、数据分析模型，和审计业务流程相关的行业模型，以及具体的云审计平台应用。

第二，微昂云审计平台为审计人员建立了工作学习交流的环境。在微昂云审计平台中，审计人员可以开展审计项目工作，记录审计工作结果，向上汇报审计工作情况。审计部门的领导也可以通过平台下发审计工作计划、任务，领导人员还可以借助于平台了解项目的开展进度，关注项目获得的成果，为工作人员审计工作的开展提供指导，明确具体的审计工作内容。除此之外，审计项目结束之后，还可以整体对工作进行统计分析，审计工作单位领导可以借助平台更好地制定决策。

审计人员之间也可以进行工作的协同、文件的共享、资料的传输，以及审计意见的交流等。可以在云审计平台中，通过公有云下载审计资料、底稿模板、制度模板、公用法规等；可以在云审计平台中咨询专家、参加学习培训、订阅审计书籍等。

第三，微昂云审计平台整合多个职能部门，提供广泛服务。微昂云审计平台为审计人员提供审计服务支持，在云计算技术发展越来越快的情况下，云审计平台也可以为工作人员提供更多的服务，如查询纳税情况服务、开户情况服务、政策指导服务、专家分析服务、税收情况返还查询服务。审计人员在平台中提出相关的需求之后，平台人员如果审批通过了审计人员的需求，审计人员就可以获取相关服务，审计人员不需要具体进行相关服务的流程处理。云服务机制的建立让公共服务资源得到了更充分的利用，提高了资源的使用效率。

第四，微昂云审计平台建立了被审单位大数据管理应用。微昂云审计平台可以对审计工作获取到的数据、获取到的资料进行存储，平台提供了云存储功能服务。存储之后，审计工作的开展可以更好地调用数据，更好地对数据进行对比。大数据管理功能的使用需要以分析型数据作为前提和基础，这样才能进行分布式的数据运算，审计人员也可以借助大数据管理分析数据、查询数据、建立数据关联、总结行业特征、确定行业标准、建设审计模型、查找审计问题。

第五，微昂云审计平台形成了审计重要数据云端存储机制。通过微昂云审计平台，个人工作数据在云端存储，随时可以通过客户端调用。计算机、手机、平板电脑等都可以成为云的接收端，文件修改后再直接同步到云服务器。个人数据还可以离线工作，本地数据的使用需要通过云端权限和本地权限双重验证。通过云端存储数据,可以显著加强敏感数据的保密性,避免由于个人电脑失窃或非法使用而使得重要数据被泄密,人为造成重大损失。

3. 电子商务应用

随着网络的不断发展,电子商务要求财务管理在管理方式上能够实现业务协同、远程处理、在线管理、集中式管理等管理模式。从工作方式上,能够支持在线办公、移动办公等方式,同时能够处理电子单据、电子货币、网页数据等新的介质。电子商务在被审计单位的广泛应用,为审计部门的工作提出了新的要求。微昂审计软件云审计平台,结合电子商务的工作原理与发展趋势,可以从以下三个方面实现电子商务的审计和应用:

第一,电子商务系统的计算机审计。微昂审计软件云审计平台在系统中建立了电子商务信息系统审计的类型,指导审计人员通过了解电子商务系统在工作中的应用程度,初步熟悉电子商务系统的业务流程和内部控制的基本结构,包括系统硬件设备、机房设施、系统管理制度、系统的负荷量,以及系统的组织结构、各级管理的职责等。通过云审计平台,还可以开展系统实质性审查。审查的内容主要包括六项:①出错处理的测试;②数据质量的测试;③数据一致性的测试;④实物盘点与计算机系统中的数据比较测试;⑤利用外部数据资源对系统内的数据进行的测试;⑥分析性检查测试。

第二,电子商务系统的数据采集。在电子商务系统通过计算机审计后,审计人员需要开展基于电子商务系统反映的交易、结算等业务内容开展审计,微昂审计软件云审计平台通过直接向系统取数,建立接口标准等方式,获得电子商务系统的数据。

第三,审计信息系统自身的电子商务业务。云审计平台通过建立工作学习交流的环境,吸引大量的审计人员使用系统,审计人员可以使用系统提供的工具形成审计经验、审计方法、审计工具,提交至公有云服务器,通过人工审核、发布,实现审计经验、审计方法和审计工具的交易和结算。培训机构、相关设备的供应商也可以在云审计平台中发布自己的产品或服务,开展电子商务服务。

4. 智能审计应用

智能审计是审计人员开展审计工作时，审计信息系统会主动提供操作步骤引导、审计专家支持、审计资源支持和被审数据挖掘等，辅助审计人员实现对审计事项的审查。

操作步骤引导是指审计信息系统可按照审计工作步骤引导审计人员逐项开展工作，即做完一步后会提示下一步做什么，在当前步骤执行时，会提供相关数据、资源和方法的支持。

审计专家支持是模拟人类的思维过程，对管理信息系统的数据进行计算、分析及推理，并做出相应的判断，提出审计建议及线索，以供审计人员做进一步的重点审计，最终得出审计结论。随着云计算、云存储的发展，系统可通过用户经验的积累和系统自我学习，获取和转化专家知识。

审计资源支持是指在审计工作过程中，提供不同层面的信息资源，为审计人员理解业务、思考问题、形成结论提供资源支持。

被审数据挖掘是指以神经网络为代表的数据挖掘方法，该方法具有良好的自组织、自学习和自适应能力。

智能审计的基本特征：①以处理非流程式业务处理的工作为主；②对审计人员的支持而不是代替；③系统本身要求具有灵活性，采用联机对话方式，以便利用审计人员的经验和系统提供可供分析的信息来解决问题。

智能审计的主要功能：①通过建立项目工作的流程化引导，包括项目建立、团队组织、方案确定、任务分配、审计准备、审计实施、审计终结、审计归档和评价考核等项目全过程的引导，辅助审计组长开展审计项目的管理工作；②通过建立审计方法库和智能审计程序，使审计任务、审计程序、问题分类和审计方法建立有机的联系，指导审计人员如何查证和落实审计问题；③建立审计资源库，在审计人员开展审计工作时，审计人员可以查看当前项目的历史审计情况，当前审计事项的同类问题分析，当前审计事项和法规要求、违规处罚以及改进意见等，为审计人员判断、确定审计问题提供更多信息；④建立被审单位信息库，在开展审计事项时，审计人员可以查询财务、业务、资料等数据信息,通过审计分析工具确定审计疑点或审计重点,通过数据挖掘工具归纳数据分类特征、行业指标特征等。

八、大数据时代内部审计信息化的建设策略

(一)重视内部审计信息化实施的规划

1. 内部审计信息化的计划性

在审计信息化系统建设过程中,做好统筹规划管理,明确审计信息化建设要达到的目标。在系统建设前,即建立统筹协调机制,做好统一规划布局。组织相关技术人员、进行项目建设要点整理、进行建设项目预算编制、规划并执行项目计划。明确应用系统功能、系统模块、系统建设周期、系统建设步骤。做好项目的计划管理,可以在项目实施前即做好和其他信息系统融合架构,避免审计信息化项目实施后和其他系统出现不兼容,影响审计项目的效果。避免重复建设和低水平建设,事前做好充分的计划,才能避免后续不断的整改升级,对未来可能涉及的应用系统要预留好接口,以更好兼容。企业管理层在内部审计信息化建设当中的领导作用至关重要,只有企业管理层积极支持审计信息化建设,做好审计信息化建设组织领导,协调相关各方关系,信息孤岛问题才能得到有效解决。

2. 内部审计信息化的标准化

为适应企业审计业务不断转型和各种业务系统的升级变化,需要不但更新企业相关审计制度,适应不但出现的新业务,为审计信息化工作实施开展提供依据。将内部审计信息化有关概念、技术、流程及内容方法进行归纳总结,形成全面的操作说明。将一些典型的审计信息化应用案例总结推广,形成针对性强的操作指南,以此推动审计信息化从实施到应用的标准化建设。只用应用实现标准化,才能推动成功的审计信息化经验推广复制到其他单位,以帮助其他单位借鉴相关经验,在实施审计信息化过程中少走弯路,尽快实现审计信息化的推广。同时标准化也有利于实施企业间进行实施效果的比较,总结经验,互通有无。

3. 强化各信息系统与ERP系统间的集成

嵌入式审计抽样系统,主要依托ERP系统,从ERP系统中抽取数据,进行审计查证和数据分析。解决"信息孤岛"问题对审计信息的影响,关键还是要实现各信息系统和ERP系统的集成,这样才能实现数据同源,提升审计抽样系统的应用效果。企业在信息化建设中,还是要围绕ERP系统为核心,构建数据集成平台,将各生产系统的数据都接入ERP系统,加大软件开发力度,建立多信息平台互联互通的体系,利用先进的数据存储、分析和处理技术,完成跨平台信息系统整合。

(二)完善企业内部审计平台系统

1. 建立智能化和资源共享的大数据审计平台

随着信息时代的到来,企业在发展过程中,业务量也会不断地增加,由此带来了大量的数据增长,这对于内部审计部门而言,会带来大量数据分析和处理方面的问题。因此,内部审计部门结合信息时代的优势,建立智能化和资源共享的大数据审计平台。

总的来说,企业总部进行审计平台建立时,可通过总部的审计部门进行建立。在整个企业内部建立相应的审计管理平台,能够在企业范围内开展相应的业务,从而为企业的审计提供基础服务,在此模式下,子企业只需配合总部开展相应的应用,完成数据的交换即可。企业建立云审计平台,首先,需要解决关键性的技术,即进行资源虚拟化和服务化的审核,结合企业当前的发展情况,可采用WSDL[①]来进行接口信息的定义,这也是目前国际上比较先进的WebService的通用标准接口描述语言。然后,就是以域外审计为基础,建立相应的发现技术,这一技术实现过程中,要到相应的服务平台查找

---

① WSDL,WEB服务定义语言,是描述XML Web服务的标准XML格式,WSDL用一种和具体语言无关的抽象方式定义了给定Web服务收发的有关操作和消息。

所服务，并针对平台内部的审计资源和服务模式，使用RDF①和WOL②对其进行描述。再则，即为审计资源服务和调度方面的技术，审计人员可通过终端提出需求，平台接收到需求之间，就会根据需求自动为其提供相应的服务。此外，在此流程中，还有一点比较重要的就是进行建模技术流程的建立，即在服务提供过程中，根据实际业务类型，通过建模工具进行相应工作模型的建立，这样即将实际模型与实际审计业务相结合，实现了审计业务的按需重构。最后，还需要考虑的就是安全问题，最基本也是最有效的方法就是进行登录身份的验证，将用户的访问权限与账号联系到一起，只有获得了系统访问权限，才可访问系统数据。与此同时，在数据的传输过程中，也要采取一定的措施保护数据的安全性，以保证审计数据不会发生泄漏。

2. 整合大数据审计平台

在互联网技术的推动下，各行业的发展都与大数据的应用区分不开，由于企业业务存在一定的特殊性，更加强了其与大数据的联系，未来必将以大数据为主要导向，进行平台体系的建设十分重要。为提升企业对于新环境的适应能力，更好地应对来自市场的风险，企业可在原有平台的基础上，不断进行技术的创新和推广，从而增加大数据的应用，从分析、架构、团队建设等方面进行功能的提升，以不断完善系统功能体系的建设，打造出更加智能化的平台。具体来说，可以从以下四个方面进行系统平台的整合和加强：

（1）针对系统的基本构架，可对其存储和数据模式进行不断的整合，从而增强系统的数据处理能力，满足用户多方面的需求。

（2）对于数据的整合，一方面，加强数据的收集，为系统提供良好的数据支持，尤其针对一些中间业务的办理，对于数据量和质量的要求都是比较高的；另一方面，进行数据整合程度的加强，例如数据范围、自动化程度

---

① RDF，资源描述框架，是一个使用 XML 语法来表示的资料模型，用来描述 Web 资源的特性，及资源与资源之间的关系。

② WOL，网络本体语言，是定义和例示网络本体的一种语言。一个 OWL 本体包括类、属性和它们的实例的描述。它可以明确表示词汇表中术语的意义及其间关系。

等。此外，对于数据的采集能力也要进行加强，在系统内部，则要增强数据的整合能力。

（3）针对分析手段，对于系统分析手段的提升，可从四个层面进行：①对报表数据的自动化程度进行提升，例如数据的可视化和自动化程度等方面；②进行数据的深度挖掘工作，以提升部门业务的自主性，从而实现业务的分析；③引入新技术，主要是针对数据的采集、交换和整合方面；④互联网的应用，实现系统与互联网技术的对接，从而获得更多的数据，加强数据的分析手段和方法。

（4）在团队建设方面，需要不断进行业务能力的加强，从而实现业务的进一步协作，并成立团队专门进行数据服务的建设。同时，还可根据实际数据需求，组建相应的团队，进行专业需求的培养，并结合用户需求进行数据产品的分析，从而不断提升数据处理能力，为全面信息的推广打下良好的基础。

（三）加强信息系统的审计力度

在大数据时代，各行各业所面临的数据量都是巨大的，尤其是进行审计平台建立的初始阶段，不仅要实现信息的统计、整合工作，为平台打下良好的数据基础，同时还要保证数据的质量和数量，是一项重要的工作。

审计的重点是对数据录入条款的遵守情况进行查询，例如是否按照规定进行相关数据的输入，系统是否具有一定的误差处理方式，对于系统重要信息是否采取一定的方式进行机密保护，等等。通过对数据进行多重检查，可以避免出错。

参考文献

[1]蔡建峰.目标管理在企业管理中的应用[J].现代商业，2022（09）：134.

[2]王喜.公共部门战略管理与工作绩效关系的实证研究[J].兰州学刊，2015（01）：193.

[3]梁斌，罗文洁.论政府绩效管理与绩效审计[J].审计与经济研究，2012，27（2）：20-25.

[4]后小仙，徐德祥.基于项目型政府的国家审计机关绩效管理模式建构[J].南京审计学院学报，2014，11（5）：23-32.

[5]毕翼，陈珍瑜.刍议政府成本管理类绩效审计成本数据处理[J].商业会计，2013（17）：59-61.

[6]邝必清.基于新公共管理的政府投资项目绩效审计[J].审计与经济研究，2009，24（1）：28-32.

[7]陈骏.我国政府绩效审计发展机制研究：基于新公共管理背景下的辩证思考[J].审计与经济研究，2006，21（3）：16-20.

[8]周山.预算绩效管理视角下政府绩效审计质量提升对策探讨[J].中国内部审计，2020（9）：74-77.

[9]赵浚.基于绩效审计的政府信息化建设项目管理研究[J].商业会计，2017（11）：91-93.

[10]王静宜.银行内部审计[J].现代营销，2012（11）：117.

[11]甘书俊.内部审计独立性研究[J].财讯，2021（27）：177-179.

[12]郝红阳，胡博涵.谈内部审计[J].前沿，2004（11）：39–40.

[13]王凯.内部控制与内部审计[J].生产力研究，2003（5）：290–291.

[14]徐莉.内部审计工作职能作用新探[J].中国内部审计，2021（6）：35–37.

[15]陈悦.内部审计新思路[J].企业管理，2019（4）：74–76.

[16]党江艳.内部审计开展研究的实践框架探索[J].会计之友，2022（16）：146–152.

[17]付江.信息化助推内部审计高质量发展[J].中国内部审计，2022（7）：37–39.

[18]黎萌，颜涵.内部审计在企业ESG活动中的角色和应对[J].中国内部审计，2022（6）：4–8.

[19]邢春玉，李莉，张莉.内部审计：从数字化到智能化[J].财会月刊，2021（2）：100–105.

[20]李娜.内部审计全覆盖的实现路径研究[J].商业会计，2022（4）：46–48.

[21]尤泳.提高内部审计成果运用成效的对策研究[J].中国内部审计，2022（8）：29–32.

[22]林巍巍.内部审计工作博弈思维运用探究[J].会计之友，2022（6）：132–136.

[23]付淑威.风险导向的企业内部审计实践[J].中国内部审计，2021（6）：59–61.

[24]时现.内部审计学[M].3版.北京：中国时代经济出版社，2017：220–224.

[25]周磊庭.论企业内部控制和内部审计之间的关系[J].质量与市场，2022（02）：127–129.

[26]王丹.内部审计质量对企业经营绩效的影响探析[J].现代商贸工业，2021，42（35）：107–108.

[27]王豫.论内部审计在企业内部控制建设中的作用路径[J].经济管理文摘，2021（22）：65-66.

[28]王静.企业内部审计与内部控制关系分析[J].财经界，2021（33）：148-149.

[29]杨迎春.风险管理视角下企业内部审计与控制体系关系研究[J].大众投资指南，2021（08）：94-96.

[30]陆铭.浅谈内部审计在企业经营管理中的重要作用[J].现代商业，2020（22）：181-182.

[31]齐彩红.内部审计在企业经济效益管理中的作用[J].商讯，2018（18）：62-63.

[32]姚延.试论内部审计质量对企业绩效的影响[J].商场现代化，2018（01）：106-107.

[33]李惠玲.浅谈内部审计在企业经济效益管理中的作用[J].中国商界（下半月），2010（01）：102.

[34]陈力.大数据时代企业内部审计信息化研究[J].中国市场，2021（30）：197.

[35]余中福，李涛，王聪，等.我国企业集团企业内部审计人力资源管理探讨[J].会计之友，2013（05）：95.

[36]黎冬雪，刘希麟.大数据背景下内部审计创新路径研究[J].生产力研究，2021（1）：149-152.

[37]周霞，林津翘，华峰.大数据时代企业内部审计新常态研究[J].中国内部审计，2017（3）：13-17.

[38]乔雅婷，时现.大数据时代背景下审计资源组织模式创新研究[J].中国内部审计，2017（9）：76-79.

[39]周迟.云审计在社会审计中的运用研究——基于风险导向审计的视角[J].中国内部审计，2015（1）：86-90.

[40]刘博宇，贾永华，陈占斌.基于数字移动互联模式的经济责任审计研

究[J].中国内部审计，2021（7）：8-14.

[41]雷智军.互联网金融时代下完善国有商业银行内部审计的思考[J].中国商论，2015（33）：82-84.

[42]刘文梅，张宝娟.企业内部审计实务[M].北京：电子工业出版社，2012.

[43]杨文梅.企业内部审计全流程指南[M].北京：人民邮电出版社，2016.

[44]李冬辉.政府审计[M].北京：中国铁道出版社，2017.

[45]张庆龙.政府审计[M].上海：格致出版社，2010.

[46]党亚晨.政府审计和内部审计联动机制研究[J].上海商业，2020（08）：68-71.

[47]吉海燕.探讨企业内部审计职能拓展及实现路径[J].商场现代化，2022（11）：96-98.

[48]彭博，李春华.浅谈对政府审计本质的认识[J].黑龙江对外经贸，2011（01）：159-160.